Nietzsche zur Einführung

Wiebrecht Ries

Nietzsche zur Einführung

Überarbeitete und erweiterte Neuausgabe

Edition SOAK
im Junius Verlag

Zur Einführung 57
Junius Verlag GmbH
Stresemannstraße 375
2000 Hamburg 50

Einbandgestaltung: Johannes Hartmann, Hamburg
Titelphoto: Ullstein Bilderdienst
Satz: Junius Verlag, Hamburg
Druck: SOAK GmbH, Hannover
Printed in Germany 1990
ISBN 3-88506-857-5
4., überarbeitete und erweiterte Auflage April 1990

CIP-Titelaufnahme der Deutschen Bibliothek
Ries, Wiebrecht:
Nietzsche zur Einführung/Wiebrecht Ries. –
4., überarb. u. erw. Aufl. –
Hamburg: Ed. SOAK im Junius Verl., 1990.
(Zur Einführung; 57)
Früher als: SOAK-Einführungen; 12
ISBN 3-88506-857-5

NE: GT

Inhalt

Vorwort 7

Leuchtschrift auf der Folie des Schweigens 9

- Zur Einleitung in Nietzsches Denken 9
- Zur Physiognomie Friedrich Nietzsches 21

Das Werk 23

- Nietzsches frühe Werke 25
  - Die Geburt der Tragödie 25
  - Ueber Wahrheit und Lüge im aussermoralischen Sinne 33
  - Unzeitgemäße Betrachtungen 36
- Die Werke des freien Philosophen 45
  - Menschliches, Allzumenschliches 45
  - Morgenröte 51
  - Fröhliche Wissenschaft 55
  - Also sprach Zarathustra 58
- Nietzsches späte Werke 73
  - Jenseits von Gut und Böse 73
  - Zur Genealogie der Moral 78
  - Götzen-Dämmerung 86
  - Der Antichrist 90
  - Ecce homo 93

Der Bruch mit der philosophischen Tradition: Nietzsches Vernunft- und Moralkritik ... 97

Nietzsches Kritik am Subjektmythos der traditionellen Substanzphilosophie ... 97

Die Dialektik von Wesen und Erscheinung, Sein und Werden, Vernunft und Unvernunft ... 100

Nietzsches analytische Reduktion der Welt moralischer Wertungen ... 102

Der europäische Nihilismus – ein langer Schatten des toten Gottes ... 107

Nietzsches Rede vom »Tod« Gottes ... 107

Nietzsches Nihilismus-Analyse ... 112

Nietzsches Versuch einer Überwindung des Nihilismus im Entwurf einer tragischen Ästhetik ... 120

Zusammenfassung ... 125

Anhang

Anmerkungen ... 131

Literaturhinweise ... 136

Zeittafel ... 143

Über den Autor ... 146

Vorwort

Die Präsenz Nietzsches in den Debatten unserer Zeit wie auch das durch die vorliegende kritische Gesamtausgabe seiner Werke neu erwachte Interesse an seinen Schriften haben eine gründliche Neubearbeitung des im Junius Verlag, Hamburg, 1987 in 3. Auflage erschienenen Buches *Nietzsche zur Einführung* nahegelegt. Die hier vorgelegte Neufassung konzentriert sich noch entschiedener darauf, Schwierigkeiten, die einem angemessenen Verständnis Nietzsches im Wege stehen, dadurch zu begegnen, daß sie den Versuch unternimmt, Nietzsches Schriften auf den im Ganzen ihrer eigentümlichen Problematik verborgenen *philosophischen* Gedankengang hin zu begreifen. Darin weiß der Verfasser sich den Nietzsche-Arbeiten seines Heidelberger Lehrers Karl Löwith verbunden.

Nietzsches Experimentalphilosophie erprobt über den Weg einer prinzipiellen Überwindung der Metaphysik eine »neue Stellung« zum »Gesamtcharakter des Daseins«. Dem Programm der *Umwertung der Werte* dienen die faszinierenden Motive der Vernunft-, Moral- und Sprachkritik sowie die Ausführungen zur Auflösung der Einheit des Subjekts, vor allem im *Nachlaß* der achtziger Jahre, welcher die durch die Geschichte der Metaphysik verdeckte Frage nach der Welt als Welt ganz neu stellt.

Nietzsche selbst wußte, daß er nur ein »Geländer am Strom« der Zeit war, aber keine »Krücke«, auf die man sich stützen könnte. Dies nötigt zu dem Versuch, ihn jenseits der Vereinnahmung durch jeweils herrschende Zeitphilosophien und ihn entstellende Aktualisierungen vor allem aus der Rhetorik der Vieldeutigkeit seiner Texte heraus zu lesen. Die vorgelegte Einführung, welche die ihr zuteil gewordenen kritischen Einwände in ihre Korrekturen aufgenommen hat, versteht sich über die Darlegung von Nietzsches Denken und seiner »Sprachen« als Anleitung zu einer solchen Lektüre.

Hannover, Februar 1990 *Wiebrecht Ries*

Alle Angaben zu Zitaten aus Nietzsches Werken beziehen sich auf: Sämtliche Werke. Kritische Studienausgabe in 15 Bänden. Hg. von Giorgio Colli und Mazzino Montinari, München 1980 (Angabe des Bandes in römischen Ziffern, Angabe der Seite in arabischen Ziffern, z.B. II, 590). Die Schreibweise wurde der heutigen angeglichen.

Leuchtschrift auf der Folie des Schweigens

Zur Einleitung in Nietzsches Denken

Was die Sichtweise auf Nietzsches Bild und Werk angeht, so herrscht heute nahezu die gleiche Zerrissenheit und Uneinigkeit der Urteile und Ansichten wie zu Beginn unseres Jahrhunderts. Oder, um es mit den Worten eines seiner bedeutenden Biographen, Curt Paul Janz, zu sagen: »Mehr oder weniger einleuchtende philosophische Interpretationen zu Nietzsches Werk gibt es zu Tausenden. Je nachdem, welcher philosophischen Häresie sie entsprungen sind, ergänzen oder bekämpfen sie sich, kommen zeitweise zur Geltung oder schwinden dahin.«[1] Nach wie vor bleiben Fragen wie: Ist Nietzsche ein großer Denker oder nur ein verhinderter Dichter? Und wenn er ein großer Denker ist, worin besteht die Eigentümlichkeit dieser Größe? Worin erkennen wir uns in ihm wieder, und worin ist er uns fremd? Ist er überhaupt in ein bestimmbares Verhältnis zu überlieferten Formen des philosophischen Denkens zu setzen, und wenn nicht, worin besteht dann die »neue« Art seines Denkens gegenüber der überlieferten Philosophie?

Daß alle diese Fragen in die Verlegenheit nicht eindeutiger Antworten führen, darüber belehrt nicht nur eine immer noch anwachsende Flut von Nietzsche-Interpretationen, sondern vor allem die innere Vieldeutigkeit von Nietzsches Schriften selbst, die »Versuche« im höchsten und wörtlichsten Sinne sind, »Experimente eines die Wahrheit Suchenden und es mit ihr Versuchenden, der eben dadurch auch zum Versucher wird, der seine Leser auf die Probe stellt.«[2] Eine Probe, die Nietzsches »Experimentalphilosophie« an die Voraussetzung gebunden hat: »Wieviel Wahrheit *erträgt*, wieviel Wahrheit *wagt* ein Geist?« (VI, 259).

Nietzsches Wagnis war, zunächst zu beschreiben, was kommt, die Heraufkunft des europäischen Nihilismus, um ihn in allen Erscheinungsformen jener Modernität, die »nicht aus und nicht ein weiß«, zu analysieren: in Politik und Moral, Religion und Kultur, Wissenschaft und Kunst.

»Was ich erzähle, ist die Geschichte der nächsten zwei Jahrhunderte. Ich beschreibe, was kommt, was nicht mehr anders kommen kann: *die Heraufkunft des Nihilismus.* Diese Geschichte kann jetzt schon erzählt werden: denn die Notwendigkeit selbst ist hier am Werk. Diese Zukunft redet schon in hundert Zeichen, dieses Schicksal kündigt überall sich an; für diese Musik der Zukunft sind alle Ohren bereits gespitzt. Unsere ganze europäische Kultur bewegt sich seit langem schon mit einer Tortur der Spannung, die von Jahrzehnt zu Jahrzehnt wächst, wie auf eine Katastrophe los: unruhig, gewaltsam, überstürzt: wie ein Strom, der *ans Ende* will, der sich nicht mehr besinnt, der Furcht davor hat, sich zu besinnen.
– Der hier das Wort nimmt, hat umgekehrt nichts bisher getan als *sich zu besinnen*: als ein Philosoph und Einsiedler aus Instinkt, der seinen Vorteil im Abseits, im Außerhalb, in der Geduld, in der Verzögerung, in der Zurückgebliebenheit fand; als ein Wage- und – Versucher-Geist, der sich schon in jedes Labyrinth der Zukunft einmal verirrt hat; als ein Wahrsagevogel-Geist, der *zurückblickt*, wenn er erzählt, was kommen wird; als der erste vollkommene Nihilist Europas, der aber den Nihilismus selbst schon in sich zu Ende gelebt hat, – der ihn hinter sich, unter sich, außer sich hat.« (XIII, 189f)

Wenn Nietzsche die Heraufkunft des Nihilismus beschreibt, dann will er jedoch nicht nur »eine Krisis, wie es keine auf Erden gab«, diagnostizieren, die in der Verfassung einer Welt liegt, in der nach der Entwertung aller obersten Werte nur die »Sinnlosigkeit des Ganzen« bleibt, sondern er will diese Krisis vorantreiben zu einer *Umwertung aller Werte*, innerhalb derer sich die »Selbstüberwindung« des Nihilismus vom »Willen zum Nichts« zum Wollen der dionysischen Bejahung der »Fatalität alles dessen, was war und was sein wird«, entscheiden soll. Auf den Anspruch einer solchen »Selbstüberwindung« verweist insbesondere eine Nachlaßstelle aus dem Frühjahr/Sommer 1888:

»Eine solche *Experimental-Philosophie* (...) nimmt versuchsweise selbst die Möglichkeiten des grundsätzlichen Nihilismus vorweg; ohne daß damit gesagt wäre, daß sie (...) bei einem Willen zum Nein stehen bliebe. Sie will vielmehr bis zum Umgekehrten hindurch – bis zu einem *dionysischen Ja-Sagen* zur Welt, wie sie ist, ohne Abzug, Ausnahme und Auswahl –, sie will den ewigen Kreislauf – dieselben Dinge, dieselbe Logik und Unlogik der Verknotung. Höchster Zustand, den ein Philosoph erreichen kann: dionysisch zum Dasein stehn –: meine Formel dafür ist *amor fati*.« (...) (XIII, 49)

Nietzsches Denken wollte »Vorspiel einer Philosophie der Zukunft« sein, durch welche sich die Überwindung der Zeitlichkeit der Zeit zur Ewigkeit der in sich kreisenden Zeit wie auch die Versöhnung »zwischen dem endlichen Dasein des wollenden Menschen und dem ewigen Sein der sich selber wollenden Welt«[3] ereignen sollte. Der aus diesem *unzeitgemäßen* Denken sich ergebende Widerspruch zwischen dem Umstand, daß ich selber die Fatalität allen Daseins wie dessen ewige Wiederkehr bedinge, und der Einsicht, daß ich seit Ewigkeiten nurmehr eine bedingte Fatalität in der Geschehensnotwendigkeit der

Welt bin – moralisch formuliert: daß ich für alles Dasein und Sosein verantwortlich bin und daß es kein Dasein gibt, das für sein Sosein und Dasein verantwortlich ist –, dieser Widerspruch kann durch keine noch so subtile philosophische Interpretationsartistik überwunden werden. Vielmehr verdient hier die Einsicht Karl Löwiths Erinnerung, daß die Aufhebung dieser Widersprüche nur dann gegeben wäre, »wenn es Nietzsche gelungen wäre, jenseits von allem Gehen, Hinübergehen und Untergehen in die Unschuld des Himmels hineinzufliegen.«[4]

Nietzsches Experimentalphilosophie kreist beständig um eine Überwindung des durch die moralische Weltauslegung bedingten »Geistes der Rache«, der auf die Vernichtung innerer wie äußerer Natur zielt, hin zum Pathos einer übermenschlichen »göttlichen Leichtigkeit im Schwersten«, welches »die Welt als die Abfolge göttlicher Erlösungen und Visionen im Scheine« feiert. So gesehen, erweist sie sich weit über Moral- und Vernunftkritik hinaus als eine Philosophie der *ästhetischen* Sinn- und Welterkenntnis, der im Wollen der ewigen Wiederkehr die Welt auf ewig gerechtfertigt erscheint. Hierbei bleibt jedoch die Frage offen, ob der Segen Zarathustras zur Selbstverklärung und Bejahung der Welt noch vor einer physikalischen Weltkonstruktion Bestand hat, die sich zwar wissenschaftlich denken – in der sich aber nicht mehr leben läßt. Des weiteren wäre zu fragen, ob die von Nietzsche ersehnte und gewollte Bejahung, Segnung und Verklärung des Daseins nicht immer schon durch den problematischen Doppelbezug des Menschen zur Welt gefährdet ist, der sich dadurch bestimmt, daß die Welt dem Menschen zwar einerseits als seine einzige Heimat erscheint, ihm andererseits aber auch als fremde Unheimlichkeit gegenübersteht, weil sie eine Welt der Vergänglichkeit und des Todes ist. Es darf daher als eine der wesentlichen Anstrengungen von Nietzsches geistiger Existenz gelten, diesen Doppelbezug zugunsten einer uns ganz fremden, archaischen Sicht des Lebens zu überwinden, derzufolge Geburt und Tod zwar als traumhaftes Erleben differieren, seinshaft aber nurmehr ineinander übergehende Momente eines in sich geschlossenen, dem subjektiven Vollzug gegenüber unzerstörbaren Kreislaufes sind. Die allgegenwärtige Werdefigur des Seins, ihre sprachlos morgendlich-abendliche Äternität, denkt Nietzsche im Gegenzug zur traditionellen Metaphysik, die auf das bleibende Sein reflektiert; sie symbolisiert eine *neue*, im Namen des »in Stücke geschnittenen« Dionysos kodifizierte Metaphysik ewiger, aus seiner Zerrissenheit sich im Kreislauf der ewigen Wiederkehr wiedergewinnender Lebendigkeit. Diese neue Metaphysik weist den Weg zu einer ewigen Ruhe in der Bewegtheit allen Seins, darüber hinaus aber auch auf eine Askese im Leben, die nicht wie die christliche aus dem Verzicht kommt, sondern aus der Fülle des Lebendigen. Für sie trifft zu, was der italienische Dichter Giuseppe Tomasi di Lampedusa in seiner Erzählung *Die Sirene* von dieser gesagt hat, daß in der Musik ihrer Stimme, »in ihrem Untergrund«, man »die Brandungen der sommerlichen Meere« zu spüren meint, »wenn sie an Felsen aufprallen«.

In dem im Zentrum des vierten Teils des *Zarathustra* stehenden Kapitel »Mittag« gewinnt diese Metaphysik ihren ästhetischen Ausdruck: im Bild des aus dem Schnittpunkt der Zeit, dem Mittag, erwachsenden alten Baumes, »der von der reichen Liebe eines Weinstockes rings umarmt und vor sich selber verborgen war« (IV, 342). Der

»Weinstock« verweist auf Dionysos, den Herrn der Reben, den »Winzer« mit dem »diamantenen Winzermesser«, den »großen Löser« der Seele, den »Namenlosen«, den Zarathustras Seele ersehnt. Dionysos ist aber auch, wie Eugen Fink schreibt, »der Schnitt der Zeit selbst, die alles nimmt, was sie gebracht hat, – die schenkt und raubt, baut und zerstört, fügt und bricht. Dionysos ist das Schenkende und Raubende der ewigen Wiederholung.«[5] Dies darf jedoch nicht darüber hinwegtäuschen, daß weder der »Erlöser« (Christus) noch der »Löser« (Dionysos) Nietzsches gequälte Seele von ihrem Schatten zu befreien vermochte, sondern einzig der lösende und erlösende Wahnsinn, der dem Kranken die wahnhafte Einheit von Christus und Dionysos in seiner Person schenkte.

Nietzsche, der in seinen ersten Schriften sich als der »Arzt« einer kranken Kultur verstand, hielt sich am Ende seines geistigen Schaffens für den »letzten Jünger des Dionysos«, der als solcher weder zu Lebzeiten noch auch später Nachfolger fand. Seine Zeitlichkeit und Geschichtlichkeit überwinden wollende Lehre von Zeit und Sein, zentriert im Gedanken der ewigen Wiederkehr, verweist auf einen dem Vorstellungsvermögen entrückten Ort »jenseits von Mensch und Zeit«, auf die Perspektive einer fremden Welt jenseits von Logik und Teleologie. Die Destruktion dieser die Normalität der Erfahrung regulierenden Prinzipien zeitigt eine Auflösung des empirischen Geschehens in diskontinuierliche »Willenspunktuationen«, die im Rahmen perspektivischer Entfaltung fiktional geschlossene, selbstbezügliche Welten des Imaginären bilden. Die Totalisierung dieses Willensgeschehens überschreitet den anthropologischen Deutungshorizont des Welterlebens auf eine Dynamik, die seinen ausschließlichen Geltungsanspruch in Frage stellt. Die in diesem Zusammenhang von Nietzsche intendierte Fortentwicklung der Philosophie der Vernunft zu einer primär *ästhetischen* Bestimmung derselben erweist sich anfangs noch ganz gebunden an die Philosophie Schopenhauers, haftet er doch mit dieser an der Idee des von Raum, Zeit und Ich-Erleben abstrahierten, zu sich selbst erlösten ästhetischen Phänomens. Beim reifen Nietzsche ist diese Fortentwicklung bestimmt durch experimentelle Entwürfe ästhetischer Welt-Bilder, deren Träger nicht mehr jenes »ich denke« ist, sondern das »es denkt mich«, das Rimbaud beschworen hat.[6]

In seiner Auffassung des Lebens als eines »künstlerischen Grundphänomens« wird Nietzsche zum Vorläufer jener »Philosophen der Zukunft«, welche im Medium einer neuen ästhetischen Wahrnehmung die gestaltreiche Entstaltung des Seins zum Vorschein bringen. Diese Auffassung bestimmt auch seine ständige Präsenz in der Kunst der Moderne. Die »metaphysische Erhellung des Seienden« durch die Kunst ereignet sich vor allem in der Kunst der Sprache; diese zielt als dionysische Bewegung auf eine Überwindung des Gegensatzes zwischen »dem Denken des Binnenweltlichen und dem Denken der Welt selbst«.[7] Die dionysische Sprache, die Nietzsche im *Zarathustra* spricht und die sich deutlich von der »streitbaren, begrifflich scharfen Sprache der entlarvenden Kritik« (Friedrich Kaulbach) seiner positivistischen Denkphase unterscheidet, wird über die Derealisation des personalen Ich-Gefühls zuweilen zum Reflex mimetischer Impulse einer umfassend kodifizierten Lebenswelt:

»... das Leiseste, Leichteste, einer Eidechse-Rascheln, ein Hauch, ein Husch, ein Augen-Blick – *Wenig* macht die Art des *besten* Glücks.« (IV, 344)

Im Augenblick dieses Glücks scheint der Lauf der Zeit anzuhalten und ermöglicht einen Zustand der Ruhe in der Bewegung. Alles Vereinzelte tritt in der »Mittags«-Welt des *Zarathustra* zurück, die Welt erscheint in ihrer Ganzheit. Es ist jedoch keine Epiphanie in einem festen Umriß, auch wenn ihr durch Zarathustra die Attribute des Vollkommenen in der elliptischen Weise ihrer Anrufung – »Oh des goldenen runden Reifs« – zugesprochen werden. In der unerschütterlichen Einbettung des Ich in die nichtbewußte Wirklichkeit und Wirksamkeit der naturhaften Welt, einer Einbettung, die mit den »leisesten Fäden« das selbstbewußte Ich mit dem leiblichen Selbst verzwirnt, beginnen die Verlockungen und Bedrängnisse der Vernunft sich für Nietzsche unmerklich aufzulösen. Deren Seefahrerleidenschaft zum »Unbekannten«, das in einer Richtung liegt, »wo bisher alle Sonnen der Menschheit untergegangen sind«, verliert den Zauber der Verführung. So wird in der nautischen Daseinsmetaphorik des »Mittags«-Kapitels im *Zarathustra* nicht mehr der Aufbruch ins Unbegrenzte gepriesen, sondern die »Heimkehr« des Schiffes in die »stillste Bucht«, zu der am Ende eines in den Abend gleitenden Nachmittages die Gewässer des Lebens zurückströmen: zur Erde.

»Wie ein Schiff, das in seine stillste Bucht einlief: – nun lehnt es sich an die Erde, der langen Reisen müde und der ungewissen Meere. Ist die Erde nicht treuer?« (IV, 343)

Vom Standpunkt dieser »Rückkehr«, im Fluchtpunkt der »Willen-zur-Macht«-Prozesse – imaginiert als »Meer in sich selber stürmender und flutender Kräfte, ewig sich wandelnd, ewig zurückkehrend, mit ungeheuren Jahren der Wiederkehr« (XI, 610) – verflüchtigt sich »die abgründig negative Bedeutungsmacht des Todes, seine ins Leben vorragende, in dessen Verlaufsbahnen verwobene Gegenmacht«.[8] Im »Nachtwandler-Lied«, dem »Trunkenen Lied«, spricht Zarathustra von der *Liebe* als dem Sinn des Seins:

»Alles von neuem, Alles ewig, Alles verkettet, verfädelt, verliebt, oh so *liebtet* ihr die Welt, –
– ihr Ewigen liebt sie ewig und allezeit: und auch zum Weh sprecht ihr: vergeh, aber komm zurück! *Denn alle Lust will – Ewigkeit!*« (IV, 402)

Mit diesem »Ja und Amen« zur Selbstbejahung des Seins hat das erotische Pathos Zarathustras die aus dem Nihilismus resultierende Versuchung zur Selbstvernichtung, diese in allem heutigen Geschehen spürbar werdende Tendenz, vernichtet und besiegt. Dazu schreibt der Interpret Nietzsches, Karl Löwith: »Das ›Ringen‹ des Willens, zu dem die ›Rache‹ an dem, was schon ist und also nicht mehr zu wollen ist, wesentlich dazugehört, verwandelt sich zum Segnen jenes ganz anderen Ringes, der die ewige Wiederkehr alles Seienden ist. Der von jedem ›Du sollst‹ losgebundene Wille, der das Wesen der modernen Menschenwelt ist, ist damit ›übermenschlich‹ von sich selbst erlöst.«[9]

Was immer es mit Nietzsches Anspruch einer »Erlösung« der Welt zum »Tanzboden für göttliche Zufälle« auf sich haben mag, fest steht nur, daß er »kurz nach der Vollendung von *Ecce homo* und *Antichrist* wie der Seiltänzer aus der Vorrede *Zarathustras* von seinem eigenen Schatten übersprungen wurde, das mühsam erhaltene Gleichgewicht verlor und abstürzte.«[10] Hier ist an Franz Overbeck zu erinnern, der den Absturz seines unglücklichen Freundes anders sah »als diejenigen, welche aus Nietzsches

Wahnsinn entweder schließen möchten, daß er gerade so auf dem rechten Wege, oder aber auf dem Irrweg war«[11], und der in einer späteren Aufzeichnung die bedenkenswerten Sätze geschrieben hat: »Ans Ziel gelangt ist auf der Fahrt, die ich hier meine, noch niemand, und insofern ist auch Nietzsche darauf nicht mehr mißlungen als anderen. Was sich ihm versagte, war das Glück, das andern, Glücklichern, dergleichen ich kannte, günstig gewesen ist. Gescheitert ist *er* freilich, aber doch nur so, daß er gegen die unternommene Fahrt als Argument so gut und so schlecht dienen kann, wie die Schiffbrüchigen gegen das Beschiffen des Meeres.«[12]

Hatte Overbeck in seiner Antwort auf Nietzsches Übersendung des ersten Teiles des *Zarathustra* zu bedenken gegeben, ob es heilsam sei, die Zukunft der Menschheit »überhaupt in solchen Höhen und Spitzen aufzufassen«, so hat sich dieses Bedenken, glaubt man an die Logik der Geschichte, bereits überholt. In seinem Buch über *Zarathustras Ende. Nietzsches Zusammenbruch in Turin* hat Anacleto Verrechia ebenso lakonisch wie bitter konstatiert: »Im übrigen hat die Welt nicht jene Richtung eingeschlagen, die von Zarathustra mit Trompetenstößen und messianischer Solennität gewollt und angekündigt worden war.«[13]

Aber diese Bilanz ist noch kein zwingendes Argument gegen Nietzsche selbst, der in der letzten seiner *Unzeitgemäßen Betrachtungen*, »Der Fall Wagner«, erklärt hat:

> »Was verlangt ein Philosoph am ersten und letzten von sich? Seine Zeit in sich zu überwinden, ›zeitlos‹ zu werden.« (VI, 11)

Nietzsches Schriften, die trotz ihrer scheinbar abschließenden Antworten »den Mut zum Problem« (F. Overbeck) in *allen* Bereichen des Daseins dadurch aufrechterhalten, daß sie sich weniger der Strenge des Diskurses als vielmehr der genuinen Bewegtheit ihrer ins Unbestimmte und Offene führenden Motive und Themen anvertrauen, bilden immer noch ein uns faszinierendes »Ausstrahlungsphänomen« (G. Benn). Nah ist uns Nietzsche, insofern die geschichtlichen Bedingungen seines Denkens im Schatten des Nihilismus immer noch die unseren sind, fremd bleibt er uns, insofern sein philosophisches Denken sich zum Erdenken der Ewigkeit der Zeit übersteigt.

»Das Glück meines Daseins, seine Einzigkeit vielleicht, liegt in seinem Verhängnis: ich bin, um es in Rätselform auszudrücken, als mein Vater bereits gestorben, als meine Mutter lebe ich noch und werde alt.« (VI, 264)

Was Nietzsche als »Rätselform« bezeichnet, ist die Spannung zwischen dem schon vergangenen Heute und einem noch unbewiesenen Morgen. So gesehen, ist Nietzsche »ein Spätling und zugleich eine Frühgeburt des kommenden Jahrhunderts«.[14] Ob aber Nietzsches »Vorspiel einer Philosophie der Zukunft« mehr ist als nur das melodische Fragment »einer unbekannten Musik«, das bleibt einerseits Gegenstand der philosophischen Diskussion, ist darüber hinaus aber stets auch an die Haltung individueller Bewahrheitung gebunden. Für eine solche Haltung vermag das kompromißlos-verzweifelte Denken Nietzsches jene »Verbindlichkeit« zu gewinnen, von der einer der gründlichsten Leser Nietzsches, Giorgio Colli, in seinem Buch *Nach Nietzsche* exemplarisch Rechenschaft gegeben hat, als er schrieb:

»Nietzsche ist das Individuum, das als einzelnes unsere Gedanken über das Leben auf ein höheres Allgemeinniveau gehoben hat, und dies gelang ihm, weil er sich von den Menschen und Dingen, die ihn umgaben, einen rücksichtslosen Abstand bewahrte, so daß wir nun gezwungen sind, von der Ebene auszugehen, die er uns angewiesen hat. Seine Stimme übertönt jede andere Stimme der Gegenwart; die Klarheit seines Denkens läßt jedes andere Denken unscharf erscheinen. Für den, der sich aus den Ketten gelöst hat und in der Arena der Erkenntnis und des Lebens Tyrannen nicht anerkennt, zählt einzig er.«[15]

* * *

Friedrich Nietzsche wurde am 15. Oktober 1844 in Rökken bei Lützen als Kind eines protestantischen Pfarrers geboren. Nach dem frühen Tod des Vaters siedelte die Familie nach Naumburg über. Von Oktober 1858 bis September 1864 war Nietzsche Schüler der Landesschule Schulpforta bei Naumburg. Nach einem Studium der Philologie und Theologie in Bonn und der Philologie in Leipzig, in dessen Zeit die Bekanntschaft mit der Philosophie Arthur Schopenhauers und eine erste Begegnung mit Richard Wagner fällt, wurde Nietzsche auf Empfehlung seines akademischen Lehrers Ritschl hin mit vierundzwanzig Jahren Professor für Klassische Philologie in Basel. Dort lernte er Jacob Burckhardt kennen und pflegte vor allem die Freundschaft mit dem zu dieser Zeit in der Schweiz lebenden Richard Wagner, in dessen Musik er zunächst eine tiefe Verwandtschaft zu seiner eigenen Gedankenwelt sah. Im Deutsch-Französischen Krieg 1870/71 war er mehrere Monate lang freiwilliger Krankenpfleger und zog sich selbst eine schwere Erkrankung zu. Seitdem blieb er leidend und ließ sich aufgrund seines sich stetig verschlimmernden Gesundheitszustandes 1879 vom Lehramt dispensieren. Von da an lebte er ganz hingegeben seiner philosophischen Aufgabe als Privatgelehrter an verschiedenen Orten, vor allem in Sils-Maria, Nizza, Marienbad, Venedig, Riva, Rapallo, Rom, Genua und Turin, wo er zu Beginn des Jahres 1889, vermutlich als Folge einer progressiven Paralyse, dem Wahnsinn verfiel. Nietzsche starb nach qualvollem zehnjährigen Siechtum am 26. August 1900 in Weimar.

Zur Physiognomie Friedrich Nietzsches

Sind die von Nietzsche erhaltenen Photographien »verzerrende Spiegel« (K. Jaspers) und die künstlerischen Darstellungen in ihrer Idealisierung »unglaubwürdige, der Zeit entsprechende Masken« (K. Jaspers), so hat uns *Lou Salomé* in ihrem Buch *Friedrich Nietzsche in seinen Werken* (1894) den überzeugendsten Beitrag zur Physiognomie Nietzsches hinterlassen:

»Dieses Verborgene, die Ahnung einer verschwiegenen Einsamkeit, – das war der erste starke Eindruck, durch den Nietzsches Erscheinung fesselte. Dem flüchtigen Beschauer bot sie nichts Auffallendes; der mittelgroße Mann in seiner überaus sorgfältigen Kleidung, mit den ruhigen Zügen und dem schlicht zurückgestrichenen braunen Haar konnte leicht übersehen werden (...) Er hatte ein leichtes Lachen, eine geräuschlose Art zu sprechen und einen vorsichtigen, nachdenklichen Gang, wobei er sich ein wenig in den Schultern beugte; man konnte sich schwer diese Gestalt inmitten einer Menschenmenge vorstellen, – sie trug das Gepräge des Abseitsstehens, des Alleinstehens. Unvergleichlich schön und edel geformt, so daß sie den Blick unwillkürlich auf sich zogen, waren an Nietzsche die Hände (...) Wahrhaft verräterisch sprachen auch die Augen. Halbblind, besaßen sie dennoch nichts vom Spähenden, Blinzelnden, ungewollt Zudringlichen vieler Kurzsichtiger; vielmehr sahen sie aus wie Hüter und Bewahrer eigener Schätze, stummer Geheimnisse (...) Das mangelnde Sehen gab seinen Zügen eine ganz besondere Art von Zauber dadurch, daß sie, anstatt wechselnde, äußere Eindrücke wiederzuspiegeln, nur das wiedergaben, was durch sein Inneres zog. In das Innere blickten diese Augen und zugleich in die Ferne, oder besser: in das Innere wie in eine Ferne. – Wenn er sich einmal gab, wie er war, im Bann eines ihn erregenden Gespräches (...), dann konnte in seine Augen ein ergreifendes Leuchten kommen – wenn er aber in finsterer Stimmung war, dann sprach die Einsamkeit düster, beinahe drohend aus ihnen, wie aus unheimlichen Tiefen. – Einen ähnlichen Eindruck des Verborgenen und Verschwiegenen machte auch Nietzsches Benehmen. Im gewöhnlichen Leben war er von großer Höflichkeit und einer fast weiblichen Milde, von einem stetigen, wohlwollenden Gleichmut, – er hatte Freude an den vornehmen Formen im Umgang (...) Immer aber lag darin eine Freude an der Verkleidung (...) Ich erinnere mich, daß, als ich Nietzsche zum erstenmal sprach, (...) das gesucht Formvolle an ihm mich frappierte und täuschte. Aber nicht lange täuschte es an diesem Einsamen, der seine Maske doch nur so ungewandt trug, wie jemand, der, aus Wüste und Gebirge kommend, den Rock der Allerweltsleute trägt.«[16]

Das Werk

> »Ich kenne mein Los. Es wird sich einmal an meinen Namen die Erinnerung an etwas Ungeheures anknüpfen – an eine Krisis, wie es keine auf Erden gab, an die tiefste Gewissens-Kollision, an eine Entscheidung, heraufbeschworen *gegen* alles, was bis dahin geglaubt, gefordert, geheiligt worden war.«
>
> *Ecce homo, 1888*

Nietzsches Werk ist, wie das keines anderen Philosophen nach Hegels Tod, bestimmend für die geistige Krise unserer Zeit. Womit dieses Werk ernst macht, ist eine an der Zerfallslogik der Metaphysik orientierte Phänomenologie des europäischen Nihilismus, deren Ergebnis eine radikale Verdächtigung des durch systematische Philosophie und erkenntnistheoretische Forschung vorgetragenen Wahrheitsbegriffes zeitigt, so daß »nichts mehr wahr« und darum »alles erlaubt« ist. Der in Nietzsches kritischen Schriften universal gewordene Sinnlosigkeitsverdacht, der den Rückschlag von »Gott ist die Wahrheit« in »Alles ist falsch« erzwingt, indem er »den gesamten überlieferten Wesensbestand des Seins in seiner Wahrheitslosigkeit« aufdeckt[17], zeigt den »Text« der Realität als endloses Endspiel von Bedeutungsüberlagerungen im sich drehenden Spiegelkabinett des Perspektivismus. Ist für Nietzsche der »Gesamtcharakter der Welt in alle Ewigkeit Chaos« (III, 468), so kommt bei ihm alles darauf an, dieses »Chaos« als ein Tätigkeits-Spiel des Willens zur Macht zu verstehen, in dem die Dissonanzen im Instanzengefüge der Welt sich zu einer »Konsonanz« bilden, deren musikalische Ausdrucksformen in der dionysischen Sprache des *Zarathustra* hörbar wird. Nietzsches Immoralismus, der als Ausdruck einer »neuen«, d. h. ästhetisch bestimmten Perspektive »das Furchtbare und Fragwürdige, das allem Dasein eignet« (II, 376f), entschieden artikuliert, seine Lehre vom »Willen zur Macht«, vor allem aber seine höchste Lehre von der »ewigen Wiederkehr des Gleichen«, haben in der bis heute andauernden, immer noch moralisch belasteten Rezeptionsgeschichte schwere geistesgeschichtliche und politische Irrtümer heraufbeschworen.[18]

Die folgende kurzgefaßte Darstellung der wichtigsten Komplexe seines Werkes will demgegenüber versuchen, zu einem »besseren«, d. h. vor allem sachlicheren Verständnis Nietzsches zu verhelfen. Nietzsches »System« im ganzen soll dabei in seiner *Bewegung* repräsentiert werden, die vom »Du sollst« des der Metaphysik unterworfenen Daseins zum »Ich will« des frei gewordenen Geistes hin »zur ›Wiedergeburt‹ des ›Ich bin‹ als der ›ersten Bewegung‹ eines ewig wiederkehrenden Daseins« (K. Löwith) führt. Dazu gehört auch, daß die Darstellung selbst beständig auf die Grenzen der Interpretierbarkeit des Werkes reflektiert.

Nietzsches frühe Werke

Die Geburt der Tragödie

> »(...) denn nur als ästhetisches Phänomen ist das Dasein und die Welt ewig gerechtfertigt.«

Nietzsches *Geburt der Tragödie* – sein vielleicht »mystischstes Werk« (G. Colli) – scheint sich zunächst zum Thema gestellt zu haben, die Entwicklung der griechischen Tragödie aus dem rituellen Chortanz des Dionysoskultes nachzuweisen. Der Chor ist das älteste Element der griechischen Tragödie, erst später kommt das Szenenelement der Handlung, der Dialog, hinzu. Doch geht es Nietzsche nicht primär um die geschichtliche Herleitung der griechischen Tragödie, sondern um die ästhetische Rekonstruktion ihres Ursprungs aus dem »Leiden des Dionysos«. Die *Geburt der Tragödie* sprengt somit von Anfang an die Grenzen der nur philologisch-historischen Abhandlung. Im *Versuch einer Selbstkritik* von 1886 hat Nietzsche diese Überschreitung in der Retrospektive auf sein »unmögliches Buch« energisch betont:

> »Hier redete jedenfalls (...) eine *fremde* Stimme, der Jünger eines noch ›unbekannten Gottes‹ (Dionysos – W. R.), der sich einstweilen unter die Kapuze des Gelehrten, unter die Schwere und die dialektische Unlustigkeit des Deutschen, selbst unter die schlechten Manieren des Wagnerianers versteckt hat.« (I, 14)

Nietzsches spezifisch musikalisch bestimmte Erfahrung vom Pathos der unauflösbaren Dissonanz im Herzen der Welt, wie sie die Seiten über den dritten Akt von Wagners *Tristan und Isolde* wiedergeben, verbindet sich in dieser Schrift mit seiner revolutionären Umdeutung des griechischen Altertums. Letztere zielt auf eine Wiedersichtbarmachung des von der klassizistischen Verklärung der Antike verdeckten archaisch-finsteren Bildes des Griechentums – wie es Nietzsche in *Jacob Burkhardts* pessimistischer Deutung des griechischen Altertums vorfand, als er 1872 in Basel dessen Vorlesung über »Griechische Kulturgeschichte« hörte. Die kraß barbarischen Züge dieses Bildes sind für Nietzsche vor allem dem antlitzlosen Schreckbild des »Dionysos-Mythos« eingeschrieben. Die Epiphanie von dessen dunkel-nächtlichem Wesen findet ihre sublimierte Darstellung in der griechischen Tragödie, deren »Oberfläche« die »Verbildlichung dionysischer Weisheit durch apollinische Kunstmittel« ist. Die gemäß apollinischer Kunstform gefügte Oberfläche der griechischen Tragödie wird durchsichtig für das auf ihrem Grund hausende »Innere und Schreckliche der Natur«, deren sinnliche Physiognomie das Farbspiel des »Tigers« zeigt. Die mit Vehemenz betriebene Aktivierung der »tragischen Weltbetrachtung« am Phänomen des »Dionysischen« stellt dieses scharf gegen den »sokratischen Geist«, in welchem der griechische Rationalismus am Leitfaden der Moral (d. h. eines auf moralische Werte bezogenen logischen Schematismus) die heraklitische Erfahrung einer »tragischen Erkenntnis« unterdrückt. Diese fügt alles Werden in den zeitlosen Grundriß der »Identität« von Hades und Dionysos, in den Zusammenhang von Leben und Tod. An der welthistorischen Figur der griechischen Aufklärung, ihrem »theoretischen Optimismus« und ihrer moralischen Auslegung des amoralischen Seinsgeschehens stirbt die griechische Tragödie und ihr Wissen, daß Hades und Dionysos eins sind. Mit ihr wird die mythische Erfahrung einer ursprünglichen Tiefe des Lebens »jenseits von Gut und

Böse« zerstört, die sich einer verfälschenden Bemächtigung durch die Macht des an der Regel der Identität (a=a) orientierten Vernunftdenkens verweigert. Nietzsche spricht in diesem Zusammenhang von der

»tiefsinnige(n) *Wahnvorstellung*, welche zuerst in der Person des Sokrates zur Welt kam, (...) daß das Denken, an dem Leitfaden der Kausalität, bis in die tiefsten Abgründe des Seins reiche, und daß das Denken das Sein nicht nur zu erkennen, sondern sogar zu *korrigieren* imstande sei.« (I, 99)

Indem Nietzsche das an den Kategorien der Kausalität und Identität orientierte sokratisch-platonische Theoriedenken (Vernunft=Sein) als unhaltbare Fiktion strikt abweist, betreibt sein »umgedrehter Platonismus«, der nicht auf die »Ideen«, sondern auf deren Spiegelungen hinauswill, die Wiedereinsetzung einer ästhetischen Rechtfertigung der Welt und des Lebens, die auf alle moralische, d. h. zurechtlegende Auslegung verzichtet. In diesem Zusammenhang werden für den jungen Nietzsche die zwei ästhetischen Prinzipien des als tragisches Kunstwerk verstandenen Weltgeschehens wichtig: das Apollinische und das Dionysische.

Nach Nietzsche ist das Apollinische das Symbol der Welt als Erscheinung, im Sinne des Schopenhauerschen Begriffs der Vorstellung. Diese Erscheinung ist zugleich schön und trügerisch, gipfelnd in der Welt der Kunst. Deren Traumstruktur ermöglicht in der spielerischen Kombinatorik schattenhaft-wechselnder Bilder eine – wenn auch täuschende – Befreiung von der schrecklichen dionysischen Erkenntnis des »Urschmerzes« in der Welt. Symbolisiert der apollinische »Schein« die vom principium individuationis garantierte Ewigkeit der Erscheinung als »glänzende Traumgeburt«, so symbolisiert das Dionysische die allem Schein zugleich innewohnende Tendenz eines ihn aufhebenden Ereignisses, das in ewiger Ein- und Umverwandlung den farbigen Schein der Welt aufhebt und reproduziert. Das Apollinische und das Dionysische sind demnach nicht nur die beiden mächtigen Kunsttriebe der griechischen Tragödie, in der »Dionysus die Sprache des Apollo (redet), Apollo aber schließlich die Sprache des Dionysus«, sondern sie bilden als polar aufeinander bezogene Triebmächte den Bogen des Lebens, die Dynamik eines zwecklos in sich kreisenden Weltspiels, »welches der Wille in der ewigen Lust mit sich selbst spielt«. Der *Spannungsbezug* von »Apollinischem« und »Dionysischem«, ihr gleichsam agonaler Dimensionszusammenhang, wird von Nietzsche an *Raffaels* »Transfiguration« erklärt, um auf seinen kunstphilosophischen Kerngedanken, die *Duplizität* des Apollinischen und Dionysischen als einer »gegenseitigen Notwendigkeit« hinzuweisen:

> »Hier haben wir, in höchster Kunstsmymbolik, jene apollinische Schönheitswelt und ihren Untergrund, die schreckliche Weisheit des Silen, vor unseren Blicken und begreifen, durch Intuition, ihre gegenseitige ›Nothwendigkeit‹« (I, 39).

Auffallend ist die von Nietzsche bereits konsequent betriebene Verkehrung der traditionellen metaphysischen Priorität des »Seins« im Rahmen seiner »ästhetischen Metaphysik«: nicht mehr das »Sein«, sondern der »Schein« als das apollinische Sublimat der Welt des Werdens ist das Primäre. Der junge Nietzsche setzt zwar den von seinem philosophischen Lehrer Schopenhauer übernommenen »pessimistischen Grundgedanken« von der »Grausamkeit des Seins« immer noch voraus, dessen Eigenschaften sind aber nur mehr ästhetisch definiert[19]; es gibt die an Platos Ideenlehre orientierte Differenz von »wahrer« und »falscher« Realität, der Schopenhauers Unterscheidung von »Erscheinung« und »Ding an sich« noch gefolgt war, nicht mehr. Die Auslöschung dieser Differenz führt den späten Nietzsche zu dem Entwurf einer »Ontologie« des Scheins, der unausgeführt bleibt.

Die im Zusammenhang der Tragödienschrift von Nietzsche entworfene »Artistenmetaphysik« erstrebt eine grundlegende Überwindung des Sokratischen, aber auch Schopenhauerschen Pessimismus der »Schwäche«, insofern dieser eine immer noch moralisch motivierte Verurteilung einer amoralischen Willenswelt repräsentiert. Die Askese der Kunst, ihr Verzicht auf alle moralischen Auslegungen und Rechtfertigungen des Daseins zugunsten der Apotheose einer *ästhetischen* Selbstproduktion des Lebens *jenseits* von »Sinn« und »Un-sinn« ist schon in dieser Frühschrift für Nietzsche die einzig noch mögliche »Rechtfertigung« allen Geschehens.

»Der tragische Mythos ist nur zu verstehen als eine Verbildlichung dionysischer Weisheit durch apollinische Kunstmittel; er führt die Welt der Erscheinung an die Grenzen, wo sie sich selbst verneint und wieder in den Schoß der wahren und einzigen Realität zurückzuflüchten sucht.« (I, 141)

Dionysos ist der Künstler der Welt und wir sind seine »Bilder«, Erscheinungen seiner weltbildenden Schöpfung und Zerstörung, »Figuren« in einem »Spiel« jenseits von Gut und Böse. Hierzu schreibt Giorgio Colli in seinem Nachwort zu Nietzsches *Geburt der Tragödie*: »Während Schopenhauer und die intuitive Deutung des der Tragödie zugrundeliegenden *Pathos* als *Urschmerz*, von dem sich die dionysischen Chöre in der Illusion des dramatischen Traums zu befreien suchen, vom Leben entfernen, bezeugt

Nietzsches musikalisches, nichtliterarisches *Pathos* einen anderen Lebensgrund, den ›wahren‹ Dionysos, den bejahenden Gott, der (...) *Urlust* ist«.[20]

Daß »das Verständnis des dionysischen Phänomens bei den Griechen« eine der »entscheidenden Neuerungen« seiner Frühschrift sei, hat Nietzsche im *Ecce homo* betont. Dieses »wundervolle Phänomen« als »der Erste« begriffen zu haben, begründet für ihn das Pathos seiner »philosophischen« Existenz, ihren einzigartigen Rang. »Worin Nietzsche also tiefer als alle (Philosophen, Historiker, Philologen) gesehen hat (weil er als Philologe die Griechen mehr kannte als die Philosophen und zugleich Philosoph war)«, schreibt Walter F. Otto in seiner *Allgemeinen Würdigung des Phänomens der griechischen Tragödie*, ist seine Erkenntnis, daß »die erhebende Wirkung des Tragischen« weder »aus dem Moralischen« noch aus dem »Philosophischen« zu erklären ist, sondern in dem »Urphänomen« liegt, daß die dionysische »Wahrheit« mit ihrer Furchtbarkeit und der apollinische »Schein« mit seinem Entzücken im Sein der Welt zusammengehören[21]:

»Aus dem Lächeln dieses Dionysus sind die olympischen Götter, aus seinen Thränen die Menschen entstanden.« (I, 72)

An entscheidender Stelle verweist die Tragödienschrift bereits auf die »Lehre« von der *ewigen Wiederkehr des Gleichen*, wenn sie die orphische Version des Dionysos-Mythos im Blick auf die »Mysterienlehre der Tragödie« erörtert:

»Die Hoffnung der Epopten ging aber auf eine Wiedergeburt des Dionysus (...) Und nur in dieser Hoffnung giebt es einen Strahl von Freude auf dem Antlitz der zerrissenen, in Individuen zertrümmerten Welt: wie es der Mythus durch die in ewige Trauer versenkte Demeter verbildlicht, welche zum ersten Mal wieder sich *freut*, als man ihr sagt, sie könne den Dionysus *noch einmal* gebären.« (ibid.)

Im *Versuch einer Selbstkritik* aus dem Jahre 1886 hat Nietzsche sich selbstkritisch mit seinem »wunderlichen« Jugendwerk auseinandergesetzt. Die Hoffnung des Buches auf eine Wiedergeburt der griechischen Tragödie im Musikdrama Richard Wagners wird nach dem Bruch mit Wagner als Illusion durchschaut. Festgehalten wird aber an der schon in diesem frühen Werk geübten »Tapferkeit des schärfsten Blicks«, welche die Fabel vom »Werte des Daseins« als Lügenmärchen begreift:

»In der Tat, das ganze Buch kennt nur einen Künstler-Sinn und -Hinter-Sinn hinter allem Geschehen (...) Die Welt, in jedem Augenblicke die *erreichte* Erlösung Gottes, als die ewig wechselnde, ewig neue Vision des Leidendsten, Gegensätzlichsten, Widerspruchreichsten, der nur im *Scheine* sich zu erlösen weiß: diese ganze Artisten-Metaphysik mag man willkürlich, müßig, phantastisch nennen –, das Wesentliche daran ist, daß sie bereits einen Geist verrät, der sich einmal auf jede Gefahr hin gegen die *moralische* Ausdeutung und Bedeutsamkeit des Daseins zur Wehre setzen wird. Hier kündigt sich, vielleicht zum ersten Male, ein Pessimismus ›jenseits von Gut und Böse‹ an, (...) eine Philosophie, welche es wagt, die Moral selbst in die Welt der Erscheinung zu setzen, herabzusetzen und nicht nur unter die ›Erscheinungen‹ (im Sinne des idealistischen *terminus technicus*), sondern unter die ›Täuschungen‹, als Schein, Wahn, Irrtum, Ausdeutung, Zurechtmachung, Kunst.« (I, 17f)

Mit der *Geburt der Tragödie*, die von den Fachkollegen als Brüskierung der Philologie empfunden wird, ohne Verständnis dafür, daß sie gar keine philologische Arbeit, sondern die esoterische Selbstdarstellung eines philosophischen Neuansatzes ist, verliert Nietzsche seine Reputation als Philologe (»Jemand, der so etwas geschrieben hat, ist wissenschaftlich tot« – Hermann Usener). Als Folge dieses »Skandals« bleiben im Winter-Semester 1872/73 an der Universität Basel die Philologiestudenten aus. Im November 1872 schreibt Nietzsche an Erwin Rohde: »Mit äußerster Not habe ich ein Kolleg über Rhetorik der Griechen und Römer zustande gebracht, mit 2 Zuhörern, d. h. einem Germanisten und einem Juristen« (Briefe IV, 85).

Ab Ende Mai 1872 entstehen die ersten Aufzeichnungen einer kleinen, von Nietzsche »geheimgehaltenen« Abhandlung *Über Wahrheit und Lüge im außermoralischen Sinn*. Sie reduziert als erkenntnistheoretischer Exkurs die abendländische Metaphysik auf eine »Physik des Geistes« und leitet damit die Zerstörung jener drei großen Ideen – Gott, Wahrheit, Sein – ein, in denen die Prinzipienmetaphysik ihren Grund hat. Sie entwickelt aber auch zum ersten Mal die Grundfrage aller späteren Schriften Nietzsches: Was sind der Sinn und die Stellung des rätselhaften »Bruchstückes« Mensch im ganzen der von Natur aus seienden Welt? Das Verständnis dieser kleinen Schrift mit ihrer genialen Einsicht, die Wahrheit als Textur, als »ein bewegliches Heer von Metaphern« zu sehen, ist für das Verständnis des radikalen erkenntnistheoretischen Skeptizismus Nietzsches wie auch für die durch diesen eröffnete Fragestellung nach dem umfassenden Verhältnis von Welt und Mensch unentbehrlich und verdient von daher genaueste Beachtung.

Die Verführung durch die Sprache besteht für Nietzsche vor allem darin, daß sie aufgrund der ihr eigenen grammatisch bedingten Logik der Relationen die lebensermöglichende Täuschung intellektueller Urteilsleistungen als Naturzusammenhang erscheinen läßt.[23] Nietzsches radikale nominalistische Kritik an der Metaphysik der Sprache legt das Syndrom einer Durchdringung von Wahn und Vernunft frei, welches in die menschliche Natur selbst eingeht. Aus der grammatisch vorgezeichneten Relation von »akzidentellem« Prädikat und »zugrunde liegendem« Subjekt entsteht z. B. die Fiktion einer realen Kausalverknüpfung der Dinge. In diesem Sinne gehört es zur Suggestion der Sprache, daß sie vorgibt, die Dinge entsprächen dem Bild des grammatischen Zusammenhangs, die Struktur eines Satzes weise auf die Struktur der Realität selbst zurück.[24] Der Glaube an die begriffliche Macht der Sprache wird zur Basis der Erkenntnis, indem sich alles Denken nur innerhalb abstrakter sprachlicher Verweisungen realisiert. Wenn aber der Glaube an die Grammatik eine das menschliche Bewußtsein beherrschende Gewalt ist, dann geht das Delirium der Vernunft auf das menschliche Dasein insgesamt über. In den endlosen Fiktionen und »Spiegelbildern« der Vernunft löst sich Wahrheit im Sinne einer isomorphen Verbindung zwischen Wirklichkeit und sprachlicher Repräsentation auf, sie wird zu einem Gewimmel von »Metaphern, Metonymien, Anthropomorphismen«. Kann das ohnehin nur noch fiktive Subjekt über die ihm grammatisch vorgegebenen Denkschematismen sich selber nicht mehr benennen, dann ist die Herrschaft des Wahns bereits unaufhebbar geworden; – darin besitzt die nominalistische Erkenntnistheorie Nietzsches ihr traumatisches Moment. Nietzsches letztlich auf die

Zerstörung des Erkenntnissubjekts gerichtete erkenntnisskeptische Intention verbindet sich in konsequenter Fortführung der »Tapferkeit des schärfsten Blicks« mit dem Impuls, anhand einer gleichsam archäologischen »Semiotik« des Lebens sich in Richtung auf dessen »rezidivierende Wildheit« vorzutasten:

»Was weiß der Mensch eigentlich von sich selbst! Ja, vermöchte er auch nur sich einmal vollständig, hingelegt wie in einen erleuchteten Glaskasten, zu perzipieren? Verschweigt die Natur ihm nicht das allermeiste (...)? Sie warf den Schlüssel weg: und wehe der verhängnisvollen Neubegier, die durch eine Spalte einmal aus dem Bewußtseinszimmer heraus und hinab zu sehen vermöchte und die jetzt ahnte, daß auf dem Erbarmungslosen, dem Gierigen, dem Unersättlichen, dem Mörderischen der Mensch ruht, in der Gleichgültigkeit seines Nichtwissens, und gleichsam auf dem Rücken eines Tigers in Träumen hängend.« (I, 877)

Unzeitgemäße Betrachtungen

»(...) dies alles im glänzenden Zauberspiegel eines philosophischen Parodisten sehen, in dessen Kopfe die Zeit über sich selbst zum ironischen Bewußtsein, und zwar deutlich ›bis zur Verrücktheit‹ (...) gekommen ist.«

In den Jahren zwischen 1873 und 1876 entstehen als Werke des »Übergangs und der Reifung« (G. Colli), unter wachsender Vereinsamung, Krankheit und »schon mitten in der moralischen Skepsis und Auflösung«, Nietzsches *Unzeitgemäße Betrachtungen*, die gegen die »dekorative Kultur« des Historismus, gegen die teleologische Sinndeutung der Geschichte und gegen die zunehmende Politisierung der menschlichen Vorstellungswelt gerichtet sind. Nietzsches scharfe Kritik der Bismarck-Ära gilt vor allem der »Kulturstaatsidee«, deren ideologischen Charakter er an der ins Idyllisch-Resignative gewendeten Attitüde des Bildungsbürgertums ebenso nachweist wie an den »modernen Ideen« Wissenschaft, Kunst und Religion. Diese verschleiern das Leiden an der entfremdeten Wirklichkeit, indem sie sie ins Positive uminterpretieren und dem Individuum auferlegte Versagungen dadurch zu kompensieren trachten, daß sie den grundlegend repressiven Charakter der Kultur als »Schicksal« legitimieren. Unter der gleißenden Fassade der Prosperität dauert die Not, das innere Elend »des modernen Menschen« an. Je emphatischer die »freie Persönlichkeit« beschworen wird, desto gewisser läßt sich auf ihre reale Unfreiheit rückschließen. Dem Zwang der realen Verhältnisse korrespondiert der Zwang der Selbstentfremdung, jener »Wahn«, der noch Versagungen als Erfüllungen gelten läßt, indem die von der Lebensnot erzwungene diktatorische Anpassung als Ziel der Selbstverwirklichung erklärt wird: zu leben, um ein nützliches Glied der Gesellschaft zu werden. Die universal gewordene Anpassung erzeugt jene Naivität, die sich dem zeitgenössischen Selbstverständnis der Gesellschaft reflexionslos anheimgibt und die »Überschminkung« der Triebstruktur für deren natürliche Bestimmung hält.

Die Täuschung gelingt, weil der (gesamtgesellschaftlich produzierte) Schein, der sich für das gute Ganze der Realität ausgibt, total geworden ist, so daß die Erscheinung des bürgerlichen Subjekts »ganz und gar Schein« ist. Der »Pomp der Kultur« verfestigt die Illusion naturgegebener Lebensverhältnisse, deren »Lärmend-Festliches« das Elend des menschlichen Produktions- und Reproduktionszusammenhanges kaschiert. Die modernen Ideen, die das gesellschaftliche Leben bestimmen, sind insofern nivellierend, als sie die Abdankung des freien Individuums betreiben. Die allgemein gewordene Unterwerfung unter die Gewalt der herrschenden Zustände gewinnt ihren definitiven Charakter durch das Undurchschaubare jenes fatalen Zirkels: Indem die modernen Ideen die realen Zustände verfestigen, sichert der Zwang der Verhältnisse gerade diesen Ideen ihre Überzeugungskraft. Als »Unzeitgemäßer« richtet Nietzsche seine Kritik gegen die zeitgenössischen Ideen, sieht er sich unter der Perspektive des Kampfes als grimmiger Widersacher des ideologischen Bewußtseins seiner Zeit. Sein Haß richtet sich vor allem gegen die Phraseologie des zeitgeschichtlichen Spekulantentums, wie es sich im konservativen »Bildungsphilister« verkörpert, der durch die liberale Unterscheidung von Kultur einerseits und Politik andererseits in der Kultur lediglich eine unpolitische Summe von ästhetisch genießbaren »Gütern« sieht und im übrigen geneigt ist, die Umtriebe einer illusionsbedürftigen Zeit bereits für »die Kultur« zu halten.

Den Repräsentanten jener »Pseudokultur des Bildungsphilisters«, in welcher das revolutionäre Potential der bürgerlichen Aufklärung auf den biedermeierlichen Entwurf einer »Gartenhausidylle« heruntergekommen ist, sieht Nietzsche in David Friedrich Strauß (1808-1874), gegen den das erste Stück der *Unzeitgemäßen Betrachtungen* gerichtet ist: »das böse Gelächter eines ›sehr freien Geistes‹ über einen solchen, der sich dafür hielt«. Strauß, dessen *Leben Jesu* (1835) den jungen Nietzsche einst begeisterte, hatte seine politische Fortschrittlichkeit während der 1848er Revolution aufgegeben und in dem 1872 erschienenen Werk *Der alte und der neue Glaube* seine destruktive Kritik am »alten Glauben« des Christentums durch einen »neuen Glauben« an das Vernünftige und Gute in der Welt ersetzt. Die von Strauß naiv vorgetragene Auffassung, der zufolge die Welt letztendlich vernünftig und gut sei – eine Auffassung, die ihre Herkunft im rationalen Optimismus der Hegelschen Philosophie besitzt, der sich Strauß geistig verpflichtet fühlte –, ist das strikte Gegenteil von Schopenhauers metaphysischem Pessimismus und mußte daher Nietzsche verärgern. Mit dem Angriff auf den »neuen Glauben« von Strauß zielt Nietzsche jedoch zugleich auch auf das »Philisterbekenntnis« der Hegelschen Philosophie mit ihrer reaktionären Vergötterung der Alltäglichkeit durch die Zauberformel »von der Vernünftigkeit alles Wirklichen«, welche die Unvernünftigkeit der tatsächlich bestehenden Verhältnisse rechtfertigte und somit latent narzißtische Wunschvorstellungen des real ohnmächtigen und angepaßten Individuums erfüllte. Das Anfechtbare des »neuen Glaubens« liegt für Nietzsche vor allem in dessen abstumpfendem Optimismus, der im Stillen mit dem »alten Glauben« die letztlich immer noch theologische Überzeugung teilt und sich bei ihr beruhigt, daß alles auf eine »höchste Vernunft« angelegt sei. Nietzsches Denken versteht sich dagegen als die gründlichste Widerlegung jeden Glaubens – sei es des »alten« oder eines »neuen Glaubens« – an eine höhere Vernünftigkeit.

Das Zweite Stück der *Unzeitgemäßen Betrachtungen*, »Vom Nutzen und Nachteil der Historie für das Leben«, ist auf Grund seines hohen spekulativen Niveaus wohl das wichtigste. Es enthält Nietzsches Kritik an der »ungeheuren Neigung der modernen Welt zum historischen Wissen« (G. Colli). Der »Nachteil« der Geschichte ist bei weitem wesentlicher als ihr »Nutzen« – die theoretische Rechtfertigung dieses Standpunktes liegt für Nietzsche in der Tatsache, daß sich die Unmittelbarkeit des Lebens »zuinnerst« dem historischen Wissen entgegensetzt. Jene »Unmittelbarkeit« ist im Vergessen garantiert, während das historische Wissen sich auf den Alptraum des Gedächtnisses gründet. Nietzsche wendet sich ferner gegen jede teleologische Sinndeutung der Geschichte, wie sie durch die Hegelsche Geschichtsphilosophie repräsentiert wird; deren lediglich »innerhalb der Hegelschen Hirnschalen« sich durchsichtig werdender Glaube an eine höhere Vernünftigkeit des historischen Prozesses wird von Nietzsche – in der Nachfolge von Schopenhauers radikaler Absage an Hegels Vergötzung der Geschichte – als »höherer Unsinn« verworfen. Den Prototyp einer philiströs verflachten Variante des in der Hegelschen Philosophie entfalteten »Weltprozesses« sieht Nietzsche in der Philosophie Eduard von Hartmanns (1842-1906) mit ihrer kontemplativ-praxisfernen Einstellung.

Nietzsches Kritik am Historismus, seine Analyse der »historischen Krankheit«, richtet sich vor allem gegen die unreflektierten ideologischen Implikate einer Philosophie, deren wissenschaftstheoretisches Postulat einer Trennung von Theorie und Praxis die Anpassung an das Tatsächliche verschleiert. Impliziert bereits die Notwendigkeit in der Geschichte bei Hegel einen latent nihilistischen Fatalismus, so ist nach Nietzsche jede Geschichtsteleologie mittlerweile zur manifesten Rechtfertigung eines zynischen Einverständnisses mit der Macht des Bestehenden geworden.

»Wer aber erst gelernt hat, vor der ›Macht der Geschichte‹ den Rücken krümmen und den Kopf zu beugen, der nickt zuletzt chinesenhaft-mechanisch sein Ja zu jeder Macht, sei dies nun eine Regierung oder eine öffentliche Meinung oder eine Zahlenmajorität, und bewegt seine Glieder genau in dem Takte, in welchem irgend eine ›Macht‹ am Faden zieht.« (I, 309)

Gegenüber der antiquarischen Geschichtsschreibung[25], die die Bewahrung der geschichtlichen Ursprünge und der Tradition sichert, und der monumentalen Geschichtsschreibung, welche die Erinnerung an die Größe der Vergangenheit bewahrt, hätte die kritische Geschichtsschreibung, welche dem Leben eine neue Perspektive eröffnet, vor allem eine Reflexion auf Geschichte als dem Kontinuum von Gewalt und Versagung zu leisten:

»Jede Vergangenheit aber ist wert, verurteilt zu werden – denn so steht es nun einmal mit den menschlichen Dingen: immer ist in ihnen menschliche Gewalt und Schwäche mächtig gewesen. (...) Es gehört sehr viel Kraft dazu, leben zu können und zu vergessen, inwiefern leben und ungerecht sein eins ist. (...) Mitunter aber verlangt eben dasselbe Leben, das die Vergessenheit braucht, die zeitweilige Vernichtung dieser Vergessenheit; dann sollte es eben gerade klar werden, wie ungerecht die Existenz irgendeines Dinges, eines Privilegiums, einer Kaste, einer Dynastie zum Beispiel, ist, wie sehr dieses Ding den Untergang verdient.« (I, 269f)

Demgegenüber zeigt Hegels Teleologie für Nietzsche eine philiströse Einfärbung, weil sie das Elend der Gegenwart mit der Vollendung der Weltgeschichte gleichsetzt.

Nietzsches Kritik an der Hegelschen Universalgeschichte wie an der von Hegel bestimmten positivistischen Geschichtsmetaphysik legt ihren ideengeschichtlichen Ursprung in jener christlichen Theodizee frei, die in der Geschichtsschreibung heute immer noch fortwirkt.[26] Demgegenüber hält Nietzsche daran fest, daß alle Versuche, aus dem geschichtlichen Prozeß einen ihn übergreifenden Sinn zu extrapolieren, fehlgehen; das heißt, daß es unmöglich ist, aus Geschichte als der bloßen Abfolge ihrer Begebenheiten »eine alles umfassende Notwendigkeit des Geschehens nachzuweisen«.

»Bei *jedem noch so zweckbewußten Thun* ist die Summe des Zufälligen Nicht-Zweckmäßigen Zweck-Unbewußten daran ganz überwiegend, gleich der unnütz ausgestrahlten Sonnen-Gluth: das was Sinn *hätte*, ist verschwindend klein.« (IX, 47)

Die in der spekulativen Geschichtsphilosophie vertretene Lehre von einem geschichtsimmanenten Telos ist für Nietzsche ebenso unhaltbar wie die von Hegel vertretene Überzeugung von der Erkennbarkeit des Zieles der Geschichte, an welcher noch Marx festhält. Muß nach Nietzsche der Anspruch auf eine wissenschaftliche Erkennbarkeit des Weges aufgegeben werden, der zugleich das Ziel und die Wahrheit der Geschichte wäre, dann muß auch der Gedanke an einen Fortschritt im Sinne einer objektiven Geschichtslogik preisgegeben werden, die den notwendigen Gang der Geschichte einzig zu garantieren wüßte. Der Fortschrittsglaube des 19. Jahrhunderts wird, insofern er die Funktion eines Glaubens an eine der Geschichte immanente historische Notwendigkeit erfüllt, für Nietzsche als Ideologie durchschaubar.

»Man hat diese Hegelisch verstandene Geschichte mit Hohn das Wandeln Gottes auf der Erde genannt, welcher Gott aber seinerseits erst durch die Geschichte gemacht wird. Dieser Gott aber wurde sich selbst innerhalb der Hegelischen Hirnschalen durchsichtig und verständlich und ist bereits alle dialektisch möglichen Stufen seines Werdens, bis zu jener Selbstoffenbarung, emporgestiegen: so daß für Hegel der Höhepunkt und der Endpunkt des Weltprozesses in seiner eigenen Berliner Existenz zusammenfielen. Ja er hätte sagen müssen, daß alle nach ihm kommenden Dinge eigentlich nur als eine musikalische Coda des weltgeschichtlichen Rondos, noch eigentlicher, als überflüssig zu schätzen seien. Das hat er nicht gesagt: dafür hat er in die von ihm durchsäuerten Generationen jene Bewunderung vor der ›Macht der Geschichte‹ gepflanzt, die praktisch alle Augenblicke in nackte Bewunderung des Erfolges umschlägt und zum Götzendienste des Tatsächlichen führt: für welchen Dienst man sich jetzt die sehr mythologische und außerdem recht gut deutsche Wendung ›den Tatsachen Rechnung tragen‹ allgemein eingeübt hat.« (I, 308f)

Den herrschaftlichen Anspruch universaler Geschichtskonstruktion, welcher den historischen Leidensprozeß als Heilsgeschehen mystifiziert und die Sinnlosigkeit des Todes eliminiert, wie die diesem Anspruch eingezeichnete inhumane Praxis als fragwürdige Idolatrie zurückgewiesen zu haben, darin liegt ein bleibendes Verdienst des Zweiten Stückes der *Unzeitgemäßen Betrachtungen*, das ihr zugleich ihre anhaltende Aktualität sichert.

Das Dritte Stück der *Unzeitgemäßen Betrachtungen* – »Schopenhauer als Erzieher« (1874) – gilt seinem philosophischen Ideal: Arthur Schopenhauer. Das Portrait, das Nietzsche hier von Schopenhauer zeichnet, trägt bereits Züge von Nietzsches eigenem Bild (»Nietzsche als Erzieher« müßte die Schrift eigentlich heißen, steht im *Ecce homo*): Schopenhauer, der Einzelne, der Einsame, der große Verächter, der die »letzte Tugend« unerschrockener Redlichkeit besitzt, traurigen Einsichten in den allgemeinen Welt- und Höllenapparat nicht auszuweichen, und der die kosmische Nichtigkeit des Individuums in gelassener Heiterkeit zu ertragen weiß. Im metaphysischen Pessimismus sieht Nietzsche zu Recht den Gegenstoß eines unverzerrten Materialismus zu jener idealistisch-optimistischen »Hegelei«, welche Versöhnung des Unversöhnbaren mittels einer »Dialektik« sich erschwindelt, die das konkrete Leiden der Menschen durch die Zauberformel von der »Negation der Negation« zum trügerischen Verschwinden bringt. Demgegenüber insistiert Schopenhauers von jeder idealistischen Selbsttäuschung befreiter Pessimismus, »der das Leiden der Wahrhaftigkeit auf sich nimmt«, auf dem Unversöhnten und Untröstbaren einer universalen Leidensgeschichte, innerhalb derer die Qual und das Leiden des einzelnen ein flüchtiger Teil ist. Schopenhauers pessimistisches Denken verweigert sich jedem nur ästhetisch-erbaulichen Bildungserlebnis. Dieses Denken ist – weil es keine abstrakte »Philosophie« mehr ist – überhaupt nicht konsumierbar, sondern allein begreifbar jenem einzigartig vom Beispiel Schopenhauers und seiner Erziehung zur Enttäuschung betroffenen, selbst schon dieses Beispiel gewordenen Leser: Friedrich Nietzsche.

Das Vierte Stück der *Unzeitgemäßen Betrachtungen* – »Richard Wagner in Bayreuth« (1876) – zählt zu den wohl vergänglichsten der von ihm veröffentlichten Schriften. In diesem Aufsatz, zur Einweihung des Bayreuther Festspielhauses im Sommer 1876 verfaßt, verwandelt sich Nietzsche während der Niederschrift »vom Preisenden zum Kritiker« (G. Colli). Schon in dieser Schrift ist Wagner für Nietzsche nicht mehr »der Seher der Zukunft, wie er uns vielleicht erscheinen möchte, sondern der Deuter und Verklärer einer Vergangenheit«, die Nietzsche glaubte, als Vorgeschichte überwinden zu müssen.

Die Werke des freien Philosophen

Menschliches, Allzumenschliches – Ein Buch für freie Geister

> »Kann man nicht *alle* Werte umdrehn? und ist Gut vielleicht Böse? und Gott nur eine Erfindung (...) des Teufels? Ist alles vielleicht im letzten Grunde falsch?«

In der Zeit von Nietzsches sich fortwährend verschlechterndem Gesundheitszustand, der gegen Ende 1879 einen Tiefpunkt erreicht, entsteht *Menschliches, Allzumenschliches.* Die Voltaire gewidmeten Aufzeichnungen, 1876 in Sorrent begonnen, erscheinen 1878. Als Nachträge folgen 1879 die *Vermischten Meinungen und Sprüche* und 1880 *Der Wanderer und sein Schatten*. Als Ergebnis eines immerwährenden grüblerischen Nachdenkens – »meine einzige Beschäftigung außer meinen ewigen Schmerzen« –, eines Nachdenkens über die Frage, ob nicht vielleicht im letzten Grunde *alles* falsch sei, markieren sie als »Dokument einer Krise« den Umbruch in der Philosophie Nietzsches von einer Neuakzentuierung zu einer Destruktion der bislang geglaubten Werte und Wahrheiten. Von entscheidender Bedeutung innerhalb der kritisch-rationalistisch aufklärerischen Position Nietzsches zu dieser Zeit ist, daß die metaphysisch-künstlerischen Ansichten seiner frühen Schriften nunmehr ebenso zurücktreten wie die Entwürfe einer kulturpolitischen Konzeption aus dem Geist der Antike. Im Medium eines methodischen Verdachts vollzieht sich Nietzsches »Kritik der Modernität« in Form einer symptomatologischen Analyse der Lügen seiner Zeit Die von Nietzsche betriebene destruktiv-entlarvende Psychologie hat zum Thema die Desillusionierung im Sinne einer Demaskierung menschlicher Selbsttäuschungen. Durch die »schärfste Brille« – die des Mißtrauens gegen alles und jedes – desillusionieren sich die »idealen Dinge« – Philosophie, Religion, Kunst, Moral – als »höherer Schwindel«, da sie auf ihren Ursprung im Niederen, »Menschlich-Allzumenschlichen«, zurückgeführt werden.

Das Erste Hauptstück, »Von den ersten und den letzten Dingen«, beinhaltet innerhalb von Nietzsches Erforschung der »Entstehungsgeschichte des Denkens« vor allem die Destruktion der Metaphysik. Die Metaphysik tritt hier auf als jener Illusionsgucker, durch dessen magische Gläser die Scheinwelt einer Bühnenhinterwelt als Welt »an sich« nahegerückt wird. Indem sie »von den Grundirrtümern des Menschen handelt – doch so, als wären es Grundwahrheiten«, erhält sie als sublimierter Narzißmus die lebensfördernde Illusion, über die Vergänglichkeit des Lebens hinauszukommen und der Bedeutungslosigkeit des menschlichen Daseins eine unendliche Bedeutung zu geben.

»Das ganze menschliche Leben ist tief in die Unwahrheit eingesenkt; der einzelne kann es nicht aus diesem Brunnen herausziehen, ohne dabei seiner Vergangenheit aus tiefstem Grunde gram zu werden, ohne seine gegenwärtigen Motive (...) ungereimt zu finden und den Leidenschaften (...) Hohn und Verachtung entgegenzustellen. (...) bliebe einzig noch eine Denkweise übrig, welche als persönliches Ergebnis die Verzweiflung, als theoretisches eine Philosophie der Zerstörung nach sich zöge?« (II, 54)

Das Zweite Hauptstück, »Zur Geschichte der moralischen Empfindung«, analysiert das Phänomen des Moralischen als Syndrom des sozialen Egoismus. Die Einsicht in die

Verbindung der moralischen Wertschätzung mit der menschlichen Triebstruktur und den von ihr bestimmten Interessen vertieft jene Entlarvungspsychologie, wie sie durch den dunklen Schriftsteller des Bürgertums, Mandeville (1670-1733), und die französischen Moralisten des 17. und 18. Jahrhunderts – auf die Nietzsche sich beruft – ausgebildet und geübt worden ist. Hinzu kommt der Einfluß der *Psychologischen Betrachtungen* (1875) des Freundes Paul Rée, welche die Bedeutung der Eigenliebe für das menschliche Verhalten betont hatten. Nietzsches »Hauptsatz« in bezug auf die Krise der Werturteile, daß es nur moralische Ausdeutungen von Phänomenen, aber keine moralischen Phänomene »an sich« gäbe, führt zu einer Ablehnung des Rechtsanspruches traditioneller moralphilosophischer Kategorien wie »gut« und »böse«. Indem »gut« und »böse« von Nietzsche nicht mehr als Entitäten gesehen werden, sondern als verstellter Ausdruck der sozio-ökonomischen Triebstruktur und der von ihr geleiteten Sozialisierung, gewinnt seine Moralkritik an dieser Stelle ihre erste große Profilierung, welche dann die folgenden Schriften der achtziger Jahre vertiefen.

»Der Moralität geht der *Zwang* voraus, ja sie selber ist noch (...) Zwang, dem man sich, zur Vermeidung der Unlust, fügt. (...) (II,96)

(...) in einem bestimmten Sinne sind auch jetzt noch *alle* Handlungen dumm, denn der höchste Grad von menschlicher Intelligenz, der jetzt erreicht werden kann, wird sicherlich noch überboten werden: und dann wird, bei einem Rückblick, all *unser* Handeln und Urteilen so beschränkt und übereilt erscheinen, wie uns jetzt das Handeln und Urteilen zurückgebliebener wilder Völkerschaften beschränkt und übereilt vorkommt. – Dies alles einzusehen kann tiefe Schmerzen machen, aber danach gibt es einen Trost: solche Schmerzen sind Geburtswehen. Der Schmetterling will seine Hülle durchbrechen, er zerrt an ihr, er zerreißt sie: da blendet und verwirrt ihn das unbekannte Licht, das Reich der Freiheit. In solchen Menschen, welche jener Traurigkeit *fähig* sind – wie wenige werden es sein! – wird der erste Versuch gemacht, ob die Menschheit aus einer *moralischen* sich in eine *weise Menschheit umwandeln könne*. Die Sonne eines neuen Evangeliums wirft ihren ersten Strahl auf die höchsten Gipfel in der Seele jener einzelnen: da ballen sich die Nebel dichter als je, und nebeneinander lagert der hellste Schein und die trübste Dämmerung.« (II, 104f)

Das Dritte Hauptstück, »Das religiöse Leben«, ist das Verbindungsstück zur neuzeitlichen Religionskritik von der Aufklärung bis hin zur marxistischen und freudianischen Kritik der Religion. Der Ursprung der Religion als »grobem Fetischwesen« liegt für Nietzsche in der Angst vor der Bedrohung durch das Fremde der inner- wie außermenschlichen Natur und im Bedürfnis, die von diesem Unbekannten ausgehende Drohung durch magisch-animistische Rituale zu bannen, um so das Fremde »zu menschlichem Vorteil zu bestimmen«. Derjenige nun, der die konventionelle Wahrnehmungsweise des Lebens und die durch sie bestimmten Illusionen der Metaphysik, der Religion, der Moral und auch der Kunst – die nun nicht mehr die Meisterin des Lebens, sondern dessen Mätresse ist – mittels eines kritischen Wissens zerlegt, ist der »freie Geist«. Ihm hat Nietzsche seine Schrift *Menschliches, Allzumenschliches* und die darauf folgende *Morgenröte* zugedacht. Indem er durch die magischen Gläser des »Ideals« hindurch »nichts« sieht als »Leere« und so den Verblendungszusammenhang des naturhaft scheinenden Lebens durchbricht, hebt er als »Erlöser von der Moral« den schwarzen Zauber aller und jeder Illusion auf. Auf dem Wege der Desillusionierung verweist er aber auch schon als »Figur des Übergangs« (E. Fink) auf das letzte Stadium dieses Weges: den Nihilismus.

»Der Hunger beweist nicht, daß es zu seiner Sättigung eine Speise gibt, aber er wünscht die Speise. (...) Man glaubt unwillkürlich, die religiös gefärbten Abschnitte einer Philosophie seien besser bewiesen als die anderen; aber es ist im Grunde umgekehrt, man hat nur den inneren Wunsch, daß es so sein *möge*, – also daß das Beseligende auch das Wahre sei.« (II, 124f)

Der Zweite Teil von *Menschliches, Allzumenschliches*, »Der Wanderer und sein Schatten«, ist Ausdruck für Nietzsches »schattenhafte Philosophie, zumindest in dieser Phase: eine schweigsame Philosophie, in der die ›Objekte‹ ihre Körperlichkeit verlieren, und die zu einem Menschen paßt, der gerade jetzt den Ruf und das Schicksal der Einsamkeit entdeckt hat«.[27] Die Beute, die Nietzsche von seiner »Hadesfahrt« mitbringt, ist jener fremde, mittägliche Blick auf eine herakliteische Doppelwelt, in der Hades, der Herr des Schattens, und Dionysos, der Herr ewigen Lebens, gemeinsam alles Sein versinnbildlichen:

»*Am Mittag.* – Wem ein tätiger und stürmereicher Morgen des Lebens beschieden war, dessen Seele überfällt um den Mittag des Lebens eine seltsame Ruhesucht. (...) Es wird still um ihn, die Stimmen klingen fern und ferner; die Sonne scheint steil auf ihn herab. (...) Er will nichts, er sorgt sich um nichts, sein Herz steht still, nur sein Auge lebt, – es ist ein Tod mit wachen Augen. Vieles sieht da der Mensch, was er nie sah, und soweit er sieht, ist alles in ein Lichtnetz eingesponnen und gleichsam darin begraben. Er fühlt sich glücklich dabei, aber es ist ein schweres, schweres Glück.« (II, 690)

Wir finden hier ferner die als Vorstudie zu dem im 125. Aphorismus der *Fröhlichen Wissenschaft* verkündeten Tod Gottes bedeutende Parabel »Die Gefangenen«:

»Eines Morgens traten die Gefangenen in den Arbeitshof; der Wärter fehlte. Die einen von ihnen gingen, wie es ihre Art war, sofort an die Arbeit, andere standen müßig und blickten trotzig umher. Da trat einer vor und sagte laut: ›Arbeitet so viel ihr wollt oder tut nichts: es ist alles gleich. Eure geheimen Anschläge sind ans Licht gekommen, der Gefängniswärter hat euch neulich belauscht und will in den nächsten Tagen ein fürchterliches Gericht über euch ergehen lassen. Ihr kennt ihn, er ist hart und nachträgerischen Sinnes. Nun aber merkt auf: ihr habt mich bisher verkannt; ich bin nicht, was ich scheine, sondern viel mehr: ich bin der Sohn des Gefängniswärters und gelte alles bei ihm. Ich kann euch retten, ich will euch retten; aber, wohlgemerkt, nur diejenigen von euch, welche mir *glauben*, daß ich der Sohn des Gefängniswärters bin; die übrigen mögen die Früchte ihres Unglaubens ernten.‹ ›Nun, sagte nach einigem Schweigen ein älterer Gefangener, was kann dir daran gelegen sein, ob wir es dir glauben oder nicht glauben? Bist du wirklich der Sohn und vermagst du das, was du sagst, so lege ein gutes Wort für uns alle ein: es wäre wirklich recht gutmütig von dir. Das Gerede von Glauben und Unglauben aber laß beiseite!‹ ›Und, rief ein jüngerer Mann dazwischen, ich glaub' es ihm auch nicht: er hat sich nur etwas in den Kopf gesetzt. Ich wette, in acht Tagen befinden wir uns gerade noch so hier wie heute, und der Gefängniswärter weiß *nichts.*‹ ›Und wenn er etwas gewußt hat, so weiß er's nicht mehr‹, sagte der letzte der Gefangenen, der jetzt erst in den Hof hinabkam, ›der Gefängniswärter ist eben plötzlich gestorben.‹ – Holla, schrien mehrere durcheinander, holla! Herr Sohn, Herr Sohn, wie steht es mit der Erbschaft? Sind wir vielleicht jetzt *deine* Gefangenen? – ›Ich habe es euch gesagt, entgegnete der Angeredete mild, ich werde jeden freilassen, der an mich glaubt, so gewiß als mein Vater noch lebt.‹ – Die Gefangenen lachten nicht, zuckten aber mit den Achseln und ließen ihn stehen.« (II, 590f)

Morgenröte – Gedanken über die moralischen Vorurteile

> »Warum doch gerade in dieser Richtung, dorthin, wo bisher alle Sonnen der Menschheit *untergegangen* sind?«

Auf die Abendröte der Kunst folgt die Morgenröte einer »Philosophie der Zukunft«, deren Aufgabe es ist, die *Umwertung aller Werte* zu betreiben. Diese Formel ist »die umfassende Klammer« (H. Niehues-Pröbsting), die Nietzsche mit dem antiken Kynismus verbindet: »Das tragende philosophische Problem Nietzsches, die Umwerthung aller moralischen Werthe, ist fast so alt wie die abendländische Philosophie selbst. Die ersten halbbewußten Vertreter dieses Gedankens waren in Griechenland die Sophisten, und der erste vollbewußte moralische ›Werthestürzler‹ war *Antisthenes*, der *Cyniker*«.[28] Die *Morgenröte* beginnt diese Aufgabe mittels einer »Arbeit der Tiefe«[29], welche die analytische Leistung der Nietzscheschen Moralkritik, das »Unterirdische« des menschlichen Lebenszusammenhanges freizulegen, mit der Marxschen Kritik der politischen Ökonomie und der Freudschen Archäologie des Subjekts verbindet. Die Verschränkung von Vernunft-, Moral- und Kulturkritik verweist dabei bereits auf *Jenseits von Gut und Böse* und die *Genealogie der Moral*, Schriften, in denen die Kritik der auf dem Geltungsanspruch von Moral und Vernunft beruhenden Zivilisation ihren Höhepunkt erreicht. In der *Morgenröte* entdeckt Nietzsche den Zusammenhang von gesellschaftlich sanktionierter Moral mit den ihr zugrunde liegenden triebökonomischen Formen des Tierreichs, deren konstitutionelle Triebstrukturen Furcht und Macht sind. Das »Tierhafte« der Moral liegt für Nietzsche gerade in der von ihr verdrängten Triebökonomie, deren Anamnese die Moral als Funktionsprinzip atavistischer Impulse zeigt, in denen das allgemeine archaische Tier- und Menschenkollektiv fortdauert.

»*Die Tiere und die Moral.* – Die Praktiken, welche in der verfeinerten Gesellschaft gefordert werden: das sorgfältige Vermeiden des Lächerlichen, des Auffälligen, des Anmaßenden, (...) das Sichgleichgeben, Sich-Einordnen, Sich-Verringern, – dies alles als die gesellschaftliche Moral ist im Groben überall bis in die tiefste Tierwelt hinab zu finden, – und erst in dieser Tiefe sehen wir die Hinterabsicht aller dieser (...) Verkehrungen: man will seinen Verfolgern entgehen und im Aufsuchen seiner Beute begünstigt sein. (...) Die Anfänge der Gerechtigkeit, wie die der Klugheit, Mäßigung, Tapferkeit – kurz alles, was wir mit dem Namen der *sokratischen Tugenden* bezeichnen, ist *tierhaft*: eine Folge jener Triebe, welche lehren, nach Nahrung zu suchen und den Feinden zu entgehen.« (III, 36f)

Das philosophische Problem der Moral sieht Nietzsche schon in dieser Schrift in der eigentümlichen Rückbezüglichkeit triebökonomisch bedingter Moral auf metaphysische Gedankengebilde. Innerhalb einer von Nietzsche entworfenen Naturgeschichte der Metaphysik ist Moral jene Verdoppelung wertindifferenter Natur, welche der »ersten Natur« jenseits von Gut und Böse eine »zweite Natur« normativer Bedeutungen unterlegt. Diese erlaubt es, naturhaftes Sein a priori auf eine ihm bereits zugeschriebene Moralordnung hin auszulegen und die Identität von Naturordnung und moralischer Ordnung zu behaupten, wobei das Nichtidentische »erster Natur« unterdrückt wird, weil es jenes Konstrukt der Einheit von Wert und Wirklichkeit gefährdet. Die durch Moral konstituierte »wahre« Wirklichkeit dient so der latenten Steuerung des sozialen Verhaltens, dessen Begründung wiederum der Legitimation politischer Herrschaftsansprüche dient – darin liegt das ideologische Moment der moralischen Konstruktion.

Die eigentliche Motivation moralphilosophischer Konstruktionen sieht Nietzsche jedoch im Wunsch nach Befreiung vom Druck der Realität. So entwickelt Moral den Gedanken eines »wahrhaft Seienden«, das »jenseits« der durch Tod, Leid und Ohnmacht bestimmten Erfahrungswelt liegt und durch die ihm verliehenen Vollkommenheitsattribute über die schmerzlichsten Formen des Realitätsdruckes hinwegtrösten soll. Die »wahre Welt« – wie Moral sie konstituiert – ist das fiktive Gegenbild zur Erfahrungswelt, sie ist das Bild einer Welt, in der nicht mehr gefoltert und gelitten wird. Der Denkende glaubt »an die Moral, nicht weil sie durch Natur und Geschichte bewiesen wird, sondern trotzdem ihr durch Natur und Geschichte beständig widersprochen wird« (III, 14f).

Als die »größte Meisterin der Verführung« ist Moral für Nietzsche »die eigentliche Circe der Philosophen«, welche ihren »blinden Irrtümern« umso leichter erliegen, je willfähriger sie nach der »geträumten Speise« verlangen, die jene ihnen verspricht. In einer grandiosen Übertragung der mythischen Gehalte der *Odyssee* tritt Nietzsche in der *Morgenröte* als jener »Odysseus« auf, der dem Blendwerk der Moral, ihrer sirenischen Musik, entrinnt, weil er sie als »Scheinvorgang« erkannt hat, welcher die »Stummheit« der untergründig affirmierenden Gewalten des Lebens verdeckt und konserviert. Jedoch bleibt die von Nietzsche erzählte »Fabel« des Entrinnens hoffnungslos. »Das absolut Wehetuende der Erkenntnis«, daß das Reich der Moral Schein ist, verwandelt dem zum »Don Juan der

Erkenntnis« gewordenen Odysseus den vielfarbigen Sonnenuntergang der Welt zu Asche. Dem »steinernen Gast« an der zu Staub gewordenen Tafel der Circe wird die verewigte Enttäuschung seines Verlangens »nach einer Abendmahlzeit der Erkenntnis« zur Hölle, in der die Bewegung seines Denkens zerbricht – »denn die ganze Welt der Dinge hat diesem Hungrigen keinen Bissen mehr zu reichen« (III, 232).

Der »Luft-Schiffahrer des Geistes«, der in der Metamorphose zum »Prinzen Vogelfrei« der großen Diva der »Moral« entronnen ist, indem er der Verlockung ihrer illusionären »Speise« ebenso widerstanden hat wie der Magie ihrer bunten »Zaubergläser«, welche die Scheinwelt einer Bühnenkulisse als »Welt an sich« naherücken, hofft vergeblich, »ein Indien« zu erreichen; dessen »Tore« waren – wie Kafka als legitimer geistiger Nachfahre Schopenhauers und Nietzsches schreibt – schon zur Zeit des großen Alexander »unerreichbar«, wenngleich ihre Richtung noch »durch das Königsschwert« bezeichnet war.[30] Nietzsche findet in der Bewegung seines entgrenzenden Fragens in Richtung »Westwest« sich zuletzt in ein Gebiet verschlagen, »wo bisher alle Sonnen der Menschheit untergegangen sind«; er erkennt sein »Los«, »an der Unendlichkeit zu scheitern«, wenn die durch ihre Endlichkeit begrenzte und bestimmte menschliche Existenz einer total entgrenzten Wirklichkeit nicht mehr zu folgen vermag, sondern in den unerforschbaren Strömungen ihrer Unendlichkeit sich verlierend untergeht.

»Wollen wir denn *über* das Meer? Wohin reißt uns dieses mächtige Gelüste, das uns mehr gilt als irgendeine Lust? Warum doch gerade in dieser Richtung, dorthin, wo bisher alle Sonnen der Menschheit *untergegangen* sind? Wird man vielleicht uns einstmals nachsagen, daß auch wir, nach Westen steuernd, ein Indien zu erreichen hofften – daß aber unser Los war, an der Unendlichkeit zu scheitern? Oder, meine Brüder? Oder?« – (III, 331)[31]

Fröhliche Wissenschaft

»Irren wir nicht wie durch
ein unendliches Nichts?«

Die *Fröhliche Wissenschaft*, »Nietzsches gelungenster Versuch philosophischer Mitteilung« (G. Colli), ist eine vertiefte Fortsetzung der *Morgenröte*. Hatte dort der böse Blick des »freien Geistes« die verschwiegenen und vergessenen Untergründe aller »Ideale« aufgedeckt und Religion, Metaphysik und Moral als Formen der menschlichen Selbstentfremdung gezeigt, unter deren Herrschaft das menschliche Leben bislang gestanden hat, so vermag nunmehr der frei gewordene Geist die durch Moral, Metaphysik und Religion bedingten Herrschaftsformen als Deformationen zu lesen und sie in ihre eigene Geschichtlichkeit zurückzuübersetzen.

Dadurch, daß Moral, Religion und Metaphysik als durch den gesellschaftlichen Lebensprozeß bedingte und in ihm herrschende historische Lebensformen erkennbar werden, werden sie zum Gegenstand eines Studiums, das Nietzsche die Wissenschaft des freien Geistes, die »fröhliche« Wissenschaft – *la gaya scienza* – nennt. Unterwirft sich das menschliche Dasein nicht länger mehr dem Herrschaftsanspruch von Moral, Religion und Metaphysik, indem es die falsche Ewigkeit seines imperativen Gestus durchschaut, so vollzieht sich in diesem Prozeß einer Entmythologisierung »die theoretische Rückgängigmachung der Selbstentfremdung« (E. Fink) des Menschen. »Ausschlaggebend dafür ist Nietzsches eigenes Zeugnis über die Natur seiner Erkenntniserfahrung: Sie ist immer und überall mit Qual, Angst und Bestürzung verbunden. In seinen Jugendjahren stellte sich der mühseligen Disziplin der philologischen Erkenntnis die Ekstase der musikalischen Erfahrung entgegen. Dann kam die Periode der *Geburt der Tragödie*, und Nietzsche bezeichnete als Erkenntnis, als Wahrheit die aufrüttelnde dionysische Intuition von der grauenerregenden Wurzel unseres Daseins. Es folgte die Eroberung weiterer Erkenntnisse: die Geschichte als Bewußtmachung der Irrtümer und Schrecknisse des Menschen, als Enthüllung, daß die Vergangenheit mit einer nicht wiedergutzumachenden Summe von Schicksalsschlägen auf uns lastet – und daß das Studium dieser Vergangenheit das Leben auslöscht und die schöpferische Kraft abstumpft; und die Wissenschaft schließlich macht das, was groß erscheint, klein, relativiert die Urteile, vereitelt die Tröstungen«.[32] So wird der »freie Geist« zuletzt zum »Prinzen Vogelfrei«, vor dem sich das nun grenzenlos offene Meer des Lebens als ein grenzenlos »im Licht ertrinkender, spiegelnder Horizont« (A. Baeumler) ausbreitet.

Ende Januar 1882 schreibt Nietzsche an Peter Gast in bezug auf seine *Fröhliche Wissenschaft*: »Ein Gedanke ist darunter, der in der Tat ›Jahrtausende‹ braucht, um etwas zu werden. Woher nehme ich den Mut, ihn auszusprechen!« (Briefe VI, 159)

Dieser »Gedanke«, der bereits sowohl hinter der *Morgenröte* wie hinter der *Fröhlichen Wissenschaft* steht, ist der – dann im *Zarathustra* ausgesprochene – Gedanke der ewigen Wiederkehr, der Nietzsche im August des Jahres 1881 am See von Silvaplana überfällt. In der *Fröhlichen Wissenschaft* ist er im Vierten Buch (»Sanctus Januarius«) unter dem Stichwort »Das größte Schwergewicht« festgehalten:

»Wie, wenn dir eines Tages oder Nachts ein Dämon in deine einsamste Einsamkeit nachschliche und dir sagte: ›Dieses Leben, wie du es jetzt lebst und gelebt hast, wirst du noch einmal und noch unzählige Male leben müssen; und es wird nichts Neues daran sein, sondern jeder Schmerz und jede Lust und jeder Gedanke und Seufzer und alles unsäglich Kleine und Große deines Lebens muß dir wiederkommen und alles in derselben Reihe und Folge – und ebenso diese Spinne und dieses Mondlicht zwischen den Bäumen, und ebenso dieser Augenblick und ich selber. Die ewige Sanduhr des Daseins wird immer wieder umgedreht – und du mit ihr, Stäubchen vom Staube!‹ – Würdest du dich nicht niederwerfen und mit den Zähnen knirschen und den Dämon verfluchen, der so redete? Oder hast du einmal einen ungeheuren Augenblick erlebt, wo du ihm antworten würdest: ›du bist ein Gott, und nie hörte ich Göttlicheres!‹ Wenn jener Gedanke über dich Gewalt bekäme, er würde dich, wie du bist, verwandeln und vielleicht zermalmen; die Frage bei allem und jedem: ›willst du dies noch einmal und noch unzählige Male?‹ würde als das größte Schwergewicht auf deinem Handeln liegen! Oder wie müßtest du dir selber und dem Leben gut werden, um nach nichts *mehr zu verlangen* als nach dieser letzten ewigen Bestätigung und Besiegelung?« (III, 570)

Übereinstimmung mit sich und dem »Leben« als dem Dasein im Ganzen, auf ihr liegt der Akzent dieses Dokuments einer geheimen Selbst- und Fremderfahrung. Der jedoch eigentlich zentrale Grundgedanke der *Fröhlichen Wissenschaft* wird in deren Drittem Buch (im 125. Aphorismus: »Der tolle Mensch«) ausgesprochen: »Gott ist tot!« (III, 481)

Nietzsches Satz »Gott ist tot« ist als die konsequenteste wie radikalste Formulierung der Geschichte des neuzeitlichen Atheismus zugleich Voraussetzung wie Vollendung des Nihilismus. Er ist die Voraussetzung für Nietzsches Versuch einer »Umwertung aller Werte«, und insofern er auch die Voraussetzung für seine Grundgedanken der »ewigen Wiederkehr« und des »Übermenschen« ist, bezeichnet er »die Mitte von Nietzsches spiritueller Existenz« (E. Heller). In seinen theoretischen Reflexionen versucht Nietzsche nach 1882 nichts anderes mehr zu denken als das, was daraus folgt, wenn es Gott als den Grund von Wahrheit, Einheit und Sein nicht mehr gibt und damit das überlieferte Denken als Gefüge von Ontologie, Logik, Grammatik und theologischer Metaphysik in sich zusammenbricht. Das Grundgefühl eines fortwährenden Sturzes – bedingt durch den Rückschlag von »Gott ist die Wahrheit« in »Alles ist falsch« – untergräbt bereits in der *Fröhlichen Wissenschaft* deren euphorische Momente und verdüstert die Morgenröte bis in eine Nacht hinein, in deren undurchdringlichem Wahnsinn sich zuletzt Nietzsches Existenz für immer verliert.

Also sprach Zarathustra – Ein Buch für Alle und Keinen

»Ganz Meer, ganz Mittag,
ganz Zeit ohne Ziel
Ein Kind, ein Spielzeug
Und plötzlich werden Eins zu Zwei
Und Zarathustra ging an mir vorbei.«

Nachgelassene Fragmente,
November 1882-Februar 1883

Der in der »Wildnis bitterster Seelennöte« entstandene *Zarathustra* wird als Ausdruck eines in der philosophischen Literatur bislang »Unsagbaren« zum »Attentat« auf die gesamte abendländische Philosophie. Nietzsches Zweifel an der Moral als der zurechtlegenden Auslegung des menschlichen Daseins in der Welt und an der Wahrheit der christlichen Überlieferung kommen in den Gleichnisreden des *Zarathustra* zu einem entscheidenden vorläufigen Abschluß. Die »dionysische Sprache« (F. Kaulbach), die Nietzsche im *Zarathustra* spricht und die sich deutlich von der begrifflich scharfen Sprache seiner »positivistischen« Phase der entlarvenden Kritik unterscheidet, erreicht in der Magie ihrer Bildbewegungen einen zuweilen vollkommenen, musikalischen Ausdruck. »Man darf«, schreibt Nietzsche im *Ecce homo*, »vielleicht den ganzen Zarathustra unter die Musik rechnen« (VI, 335). Die Namensgebung des Werkes erklärt sich dahingehend, daß Nietzsche in der Metamorphose der altpersischen Zarathustrafigur[33] eine Umkehrung der Geschichte – die »Selbstüberwindung der Moral« – erfindet. Zarathustra, der einst den verhängnisvollsten Irrtum, den der Moral, geschaffen hat, ist auch der erste, der ihn erkennt. Demgemäß heißt es im *Ecce homo*:

> »Die Selbstüberwindung der Moral aus Wahrhaftigkeit, die Selbstüberwindung des Moralisten in seinen Gegensatz – in *mich* – das bedeutet in meinem Munde der Name Zarathustra.« (VI, 367)

Zarathustra ist aber nicht nur der Umwerter der Werte in die Optik des Lebens, er ist vor allem der »erste und eigentliche Denker des Gedankens von der ewigen Wiederkunft des Gleichen« (M. Heidegger). Die begründende Ausgangssituation des *Zarathustra* und das zentrale Thema seines Ersten Teiles ist der *Tod Gottes*, d. h. die ungeheure Situation, die sich nach dem Wegfall aller theologisch verbürgten Antworten, aller teleologischen Sinngebung des Lebens auf eine höchste Güte, Gerechtigkeit und Weisheit hin ergibt, so daß nunmehr alles »Schwergewicht« aus den Dingen gewichen ist. Der ganze göttliche Horizont ist weggewischt, auf den hin die Menschen seit zwei Jahrtausenden ihr Dasein ausgelegt haben, und der Glanz aller jenseitigen Sonnen ist untergegangen in einer »Sonnenfinsternis«[34], derengleichen es auf Erden noch nie gegeben hat. Der »Tod Gottes« erfordert eine Überwindung dessen, was bisher unter »Mensch« verstanden wurde, auf das hin, was Nietzsche mit dem »Übermenschen« bezeichnet. Weil der christliche Gott fast zwei Jahrtausende lang der Zweck und Sinn von Mensch und Welt gewesen ist, ergibt sich als Folge seines »Todes« der Nihilismus, der besagt, daß Mensch und Welt ohne Sinn und Zweck sind:

»Unheimlich ist das menschliche Dasein und immer noch ohne Sinn: ein Possenreißer kann ihm zum Verhängnis werden.« (IV, 23)

Ist der »Tod Gottes« der erste und grundlegende Hauptsatz der Vorrede des *Zarathustra*, so lautet der zweite, von Nietzsche hervorgehobene Hauptsatz nach dem Tode Gottes: »Ich lehre euch den Übermenschen« – im Sinne einer Überwindung dessen, was bisher unter dem Menschen verstanden worden ist. So heißt es in einer Nachlaßnotiz zum *Zarathustra*:

»Ich will die Menschen den Sinn ihres Lebens lehren: welches ist der Übermensch.« (X, 225)

Der Name des Übermenschen steht bei Nietzsche für jenes Dasein, das die Nacht der Gottesfinsternis zur

Sonne macht. Anders formuliert: »Die Lehre vom Übermenschen ist die Voraussetzung für die Lehre von der ewigen Wiederkehr, weil nur der Mensch, der sich selber überwunden hat, auch die ewige Wiederkehr alles Seienden wollen kann.«[35] Als eine »philosophische Konzeption zur Überwindung des Nihilismus« (K. Löwith) bezeichnet diese Lehre über ihre sozialen und politischen Sinngehalte hinaus jene menschliche und zugleich über-menschliche Daseinsform, die jenseits von »Sinn« und »Unsinn« zu leben vermag. Als der »Besieger Gottes und des Nichts« ist der Übermensch die große »Rechtfertigung des Daseins« (M. Montinari). Nach dem Wegfall der die menschliche Existenz bestimmenden und sie verpflichtenden Gottesidee wird der Mensch zu jenem Wesen, das – auf sich selbst zurückgeworfen – erst noch darüber zu befinden hat, was es sein kann: der »Übermensch« als der siegreiche Überwinder Gottes und des Nichts, oder aber der »letzte« Mensch, der nicht mehr nach einer Überhöhung seines Daseins fragt und sich nurmehr mit dem »Glück« einer technisch bestimmten Daseinsfürsorge begnügt.

Als Gegenbild zur weltgeschichtlichen Zielprojektion des »Übermenschen« ist der christlich-demokratisch-sozialistische »letzte Mensch« für Nietzsche die Nivellierung des Menschseins und zugleich die pessimistische, heute weitgehend Wirklichkeit gewordene Vision, daß die Menschheit am Ende des von *Max Weber* diagnostizierten abendländischen Rationalisierungsprozesses den Status einer geschickten Tierrasse erreicht, in deren »großen Ameisenhaufen« der Gedanke an eine Selbstüberwindung des Menschen erlischt:

»›Was ist Liebe? Was ist Schöpfung? Was ist Sehnsucht? Was ist Stern?‹ – so fragt der letzte Mensch und blinzelt. (...) Kein Hirt und eine Herde! Jeder will das Gleiche, jeder ist gleich: wer anders fühlt, geht freiwillig ins Irrenhaus. (...) ›Wir haben das Glück erfunden‹ – sagen die letzten Menschen und blinzeln.« (IV, 19f)

»Bleibt der Erde treu« ist der dritte Hauptsatz der Vorrede. Er ist das aus dem »Tode Gottes« und der Überwindung des Menschen zum Übermenschen zu verstehende Postulat einer rein welthaften Existenz. Er ist zugleich auch die von Nietzsche geforderte Abkehr von allen illusionären Hinterwelten und die Entscheidung für die karge Erde Ithakas als unserer ersten und letzten Liebe.

Die drei »Hauptsätze« der Vorrede sind die innere Bedingung für die dann in der ersten Gleichnisrede Zarathustras explizierte Dreistadienlehre (»Von den drei Verwandlungen«):

»Drei Verwandlungen nenne ich euch des Geistes: wie der Geist zum Kamele wird, und zum Löwen das Kamel, und zum Kinde zuletzt der Löwe.« (IV, 29)

Das Stadium des Geistes, für welches das Bild des Kamels steht, ist jenes idealistische Stadium, in welchem der Mensch in Gehorsam sein Leben dem theologischen Absolutismus des moralischen Gebotes »Du sollst« unterwirft.

»›Du sollst‹ klingt den meisten angenehmer als ›ich will‹: in ihren Ohren sitzt immer noch der Herden-Instinkt.« (X, 101)

Der Idealismus, der in der Selbstaufhebung der Moral durch die »letzte Tugend« der Wahrhaftigkeit zuletzt an sich selbst zugrunde geht, wendet sich als »Löwe« gegen sich selbst, gegen den ihn beherrschenden tausendjährigen »großen Drachen« des »Du sollst«, und schafft sich in der Überwindung seiner Unfreiheit die Freiheit seines »Ich will«. Aber die Freiheit dieses »Ich will«, die das existentialistische Stadium des Menschen in der Revolte zu bestimmen scheint, konstituiert sich immer noch von dem her, was sie verneint: Moral, Metaphysik, Religion. Erst wenn alle metaphysischen Wertschätzungen des Daseins aufgegeben worden sind, erst wenn mit der »Vernunft von Jahrtausenden« gebrochen worden und damit die Herrschaft des mit Vernunft verbundenen »Wahnsinns« in uns an ihr Ende gekommen ist, erst dann ist das dritte und letzte Stadium des zu sich selbst kommenden und befreiten Geistes erreicht: die Unschuld des Werdens, von Nietzsche im Bilde des »Kindes« festgehalten, die Rückgewinnung eines nach dem »Sündenfall« des Geistes – der moralischen Interpretation von Welt und Mensch – verlorenen, ursprünglichen und seligen Naturzustandes höchster Lebensbejahung jenseits von Gut und Böse.[36]

Die drei Stadien des Geistes entsprechen in ihrer geschichtsphilosophischen Konzeption Vergangenheit, Gegenwart und Zukunft. Steht die Vergangenheit unter der Herrschaft der Moral, dem imperativen Diktum ihres »Du sollst«, so die Gegenwart unter der Anstrengung des »Ich will«, die aus einer gottlos gewordenen Welt den Prozeß der Selbstbehauptung des auf sich gestellten Menschen ableitet. Am Ende dieses Prozesses steht die Utopie der zu sich selbst befreiten Freiheit als die wiedergewonnene »Unschuld des Werdens« »im Horizont der dionysischen Seins- und Sinngesinnung« (F. Kaulbach). Dementsprechend schließt der Erste Teil des *Zarathustra* mit den Worten:

»*Tot sind alle Götter: nun wollen wir, daß der Übermensch lebe* – dies sei einst am großen Mittage unser letzter Wille! – Also sprach Zarathustra.« (IV, 102)

Ist der Tod Gottes der Leitgedanke des Ersten Teils des *Zarathustra*, so die »Lehre« vom *Willen zur Macht* derjenige des Zweiten Teils. Im zentralen Kapitel »Von der Selbst-Überwindung« verbindet Nietzsche die Lehre vom Willen zur Macht mit dem Gedanken der notwendigen Selbstüberwindung des Lebens:

»Wo ich Lebendiges fand, da fand ich Willen zur Macht. (...) Und dies Geheimnis redete das Leben selber zu mir: ›Siehe, sprach es, *ich bin das, was sich immer selber überwinden muß*‹.« (IV, 147f)

Für Nietzsche ist die Konkretion des Willens zur Macht jener agonale Geschehenszusammenhang, den wir Leben nennen. Das heißt: Wille zur Macht bezeichnet die Art, in der alles Wirkliche »ist«, nämlich als »dynamisch geeinte Vielheit« (J. Salaquarda). Innerhalb dieser ist das Denken als identische Setzung Schein, nur eine von vielen Perspektiven des Willens zur Macht. Wenn bei Nietzsche von diesem die Rede ist, dann immer im Sinne vielfacher Antriebe, denen kein identischer Urgrund ontologisch hypostasiert wird (darin unterscheidet sich Nietzsches Wille zur Macht von Schopenhauers »Willen«, der noch eine metaphysische Entität ist). »Nietzsches Philosophieren schließt die Frage nach dem Grund des Seienden im Sinne überlieferter Metaphysik als eine für das wirkliche Geschehen relevante Frage aus«[37]. Was auf dem Gipfel der Metaphysik einst »Wahrheit« hieß, wird nunmehr auf eine abgründige Notwendigkeit im »Schein« zurückgeführt, dem das menschliche Dasein bewußtlos unterworfen bleibt, weil es in dessen dionysischer Unmittelbarkeit gründet. So liest man im *Nachlaß der achtziger Jahre*:

»*Schein*, wie ich es verstehe, ist die wirkliche und einzige Realität der Dinge. (...) Ein bestimmter Name für diese Realität wäre der

›Wille zur Macht‹, nämlich von Innen her bezeichnet und nicht von seiner unfaßbaren flüssigen Proteus-Natur aus.« (XI, 654)

Wille zur Macht, das ist primär die Aktualisierung des in allem Lebendigen liegenden Vermögens der Selbstüberwindung des Willens zur vollkommensten Weise seines Wollens: zur Macht. Wenn nun der Wille zur Macht als »Kampf-Spiel« der Kräfte jener Grundzug des Lebens ist, der in allen diskontinuierlichen Machtquanten nur immer sich selbst als Macht will, dann ist der Wille selbst ein Kreisgeschehen: eine ewig in sich kreisende Bewegung, ein »Kreisel«, dessen endlich-bunter Zauberschein den in ihm verborgenen endlosen Schrecken verbirgt[38]. Wie nun der Bezug von Wille zur Macht und Zeit – nach der Eliminierung aller teleologischen Gehalte – zu denken ist, das heißt: wie die Umkehrung des »ich will« des »Löwen« zum »heiligen Ja-Sagen« des »ich bin« des »Kindes« gedacht werden muß, das ist dann das Grundproblem des Dritten Teils des *Zarathustra* und zugleich der Höhepunkt des ganzen Werkes.

Der Dritte Teil des *Zarathustra* – »das Herzstück des Werkes« (E. Fink) – ist um den Grundgedanken der *ewigen Wiederkehr des Gleichen* zentriert. Als Nietzsches »abgründigster Gedanke« »wie eine Abendsonne über der letzten Katastrophe aufleuchtend« (X, 151), verleiht er seinem Denken jene »unbeschreibliche Atmosphäre der Fremdheit« (E. Rohde), die nicht nur die Zeitgenossen irritierte.[39] In seinem Nachwort zum *Zarathustra* schreibt Giorgio Colli in bezug auf Nietzsches »große mystische Erfahrung«: »Als Wurzel der Vision von der ewigen Wiederkunft suche man weniger das Nachklingen doxographischer Berichte über eine alte pythagoreische Lehre oder wissenschaftliche Hypothesen des 19. Jahrhunderts als vielmehr das Wiederauftauchen kulminierender Momente der vorsokratischen Spekulation, die auf eine Unmittelbarkeit hingewiesen haben, die in der Zeit wieder auffindbar ist, jedoch aus ihr hinausführt und so ihre nicht umkehrbare Eingleisigkeit aufhebt. Wenn man zurückgeht bis zu diesem nicht mehr Darstellbaren, so läßt sich nur sagen, daß das Unmittelbare außerhalb der Zeit – die ›Gegenwart‹ des Parmenides und das ›Aion‹ des Heraklit – in das Gewebe der Zeit eingeflochten ist, so daß in dem, was vorher oder nachher wirklich erscheint, jedes Vorher ein Nachher und jedes Nachher ein Vorher ist und jeder Augenblick ein Anfang.«[40] In Nietzsches Versuch, Zeit und Ewigkeit zusammenzudenken, ist *Zeit* »die Totalitätsform all dessen, was ist und wird, (...) die Bewegungsweise der Welt selbst. Im dritten Teil des *Zarathustra* geschieht eine Überschreitung der im ersten und zweiten Teil vorherrschenden Sicht auf das menschliche Leben in Richtung auf die Totalität der Welt.«[41]

Die Grundkonzeption des *Zarathustra*, der ewige Wiederkunftsgedanke, »diese höchste Formel der Bejahung, die überhaupt erreicht werden kann –, gehört in den August des Jahres 1881: er ist auf ein Blatt hingeworfen, mit der Unterschrift: »›6000 Fuß jenseits von Mensch und Zeit‹« (*Ecce homo*, VI, 335). Im Kapitel »Vom Gesicht und Rätsel« wird der Gedanke der ewigen Wiederkehr durch »das mitternächtliche Traumrätsel vom Torweg« (R. Knodt) verdeutlicht.

»›Halt! Zwerg! sprach ich. Ich! Oder du! Ich aber bin der Stärkere von uns beiden –: du kennst meinen abgründlichen Gedanken nicht! *Den* – könntest du nicht tragen!‹ – Da geschah, was mich leichter machte: denn der Zwerg sprang mir von der Schulter, der Neugierige! Und er hockte sich auf einen Stein vor mich hin. Es war aber gerade da ein Torweg, wo wir hielten.

›Siehe diesen Torweg! Zwerg! sprach ich weiter: der hat zwei Gesichter. Zwei Wege kommen hier zusammen: die ging noch niemand zu Ende.

Diese lange Gasse zurück: die währt eine Ewigkeit. Und jene lange Gasse hinaus – das ist eine andere Ewigkeit.

Sie widersprechen sich, diese Wege; sie stoßen sich gerade vor den Kopf: – und hier, an diesem Torwege, ist es, wo sie zusammenkommen. Der Name des Torwegs steht oben geschrieben: ›Augenblick‹.

Aber wer einen von ihnen weiter ginge – immer weiter und immer ferner: glaubst du, Zwerg, daß diese Wege sich ewig widersprechen?‹ –

›Alles Gerade lügt, murmelte verächtlich der Zwerg. Alle Wahrheit ist krumm, die Zeit selber ist ein Kreis.‹

›Du Geist der Schwere! sprach ich zürnend, mache dir es nicht zu leicht! Oder ich lasse dich hocken, wo du hockst, Lahmfuß, – und ich trug dich hoch!

Siehe, sprach ich weiter, diesen Augenblick! Von diesem Torwege Augenblick läuft eine lange ewige Gasse rückwärts: hinter uns liegt eine Ewigkeit.

Muß nicht, was laufen kann von allen Dingen, schon einmal diese Gasse gelaufen sein? Muß nicht, was geschehen *kann* von allen Dingen, schon einmal geschehn, getan, vorübergelaufen sein?

Und wenn alles schon dagewesen ist: was hältst du Zwerg von diesem Augenblick? Muß auch dieser Torweg nicht schon – dagewesen sein?

Und sind nicht solchermaßen fest alle Dinge verknotet, daß dieser Augenblick *alle* kommenden Dinge nach sich zieht? Also – sich selber noch?

Denn, was laufen *kann* von allen Dingen: auch in dieser langen Gasse *hinaus* – *muß* es einmal noch laufen! –

Und diese langsame Spinne, die im Mondscheine kriecht, und dieser Mondschein selber, und ich und du im Torwege, zusammen flüsternd, von ewigen Dingen flüsternd, – müssen wir nicht alle schon dagewesen sein?

– und wiederkommen und in jener anderen Gasse laufen, hinaus, vor uns, in dieser langen schaurigen Gasse – müssen wir nicht ewig wiederkommen? –‹« (IV, 199f)

Karl Löwith schreibt dazu in einer Interpretation dieses Kapitels: »Wo der moderne Mensch nicht aus und ein weiß, findet Zarathustra den Ausweg aus ›zwei Jahrtausenden Verlogenheit‹, indem er, als der Überwinder von Mensch und Zeit, die beiden endlos geraden Wege, endend im Nichts, zum ewigen Kreise des Seins zusammenschließt. Diesen ›Circulus vitiosus deus‹ zu denken ist zwar ›menschlichen Gebeinen‹ eine ›drehende Krankheit‹, aber nur deshalb, weil sich der Mensch der christlichen Zeit unter der Ewigkeit eine Unvergänglichkeit denkt, ein zeitlos ›ewiges Leben‹, während die ›ewige Lebendigkeit‹ eine ewige Wiederkehr des Gleichen ist, die gerade das Werdende und Vergehende als solches rechtfertigt.«[42].

Im Kapitel »Der Genesende« verkünden Zarathustras Tiere – der Adler und die Schlange – ihm die Wahrheit der ewigen Wiederkehr:

»Alles geht, alles kommt zurück; ewig rollt das Rad des Seins. Alles stirbt, alles blüht wieder auf; ewig läuft das Jahr des Seins.« (IV, 272)

Erst durch die Verkündigung der ewigen Wiederkehr, durch seine im Kreis der ewigen Wiederkehr eingewebten Tiere kann Zarathustras große »Genesung« vom »Geist der Schwere« – Metaphysik, Moral, Religion –, dieser »Krankheit zum Tode« (S. Kierkegaard), einsetzen, die das Wissen um die ewige Wiederkehr als »göttliche Denkweise« des einen Lebens ertragen läßt.

Entscheidend ist, daß bereits im Dritten Teil des *Zarathustra* ewige Wiederkehr und Nihilismus von Nietzsche zusammengedacht werden: Die ewige Wiederkehr als die Wahrheit des Nihilismus zeigt das zum Nichts entschlossene Dasein als eine sich selbst wollende Welt des Schaffens und Vernichtens, als gleichsam verzweifelte Stilisierung des Willens zur Dauer.[43] Als die »Wahrheit des Nihilismus« (K. Löwith) ist das Mythologem von der ewigen Wiederkunft sowohl atheistische Religion als auch zugleich physikalische Metaphysik: die »Einheit eines Zwiespalts« (K. Löwith) zwischen dem positivistischen Vorhandensein physischer Energie und dem nihilistischen Dasein der gottlos gewordenen menschlichen Existenz. Die Auflösung dieses Zwiespalts in das nihilistische »Alles ist gleich« eines der Welt entfremdeten, halt- und ziellos gewordenen Daseins und in die positivistische Indifferenz einer dem Menschen entfremdeten, unfaßlich und unsinnlich gewordenen Welt zeigt bereits an dieser Stelle die Lehre von der ewigen Wiederkehr als jene »extremste Form des Nihilismus«, als die sie der späte Nietzsche gesehen hat, die er aber auch zur »höchsten Formel der Bejahung, die je erreicht werden kann« zu verwandeln trachtete. Nur in der »Bejahung« des Denkens der ewigen Wiederkunft ereignet sich der Übergang vom »Geist der Rache«, der den Untergang des Lebens in der Selbstvernichtung will, zum »Amor fati«, dem »dionysischen« Ja-Sagen zur Welt, wie sie ist; nur in ihr vollzieht sich die Überwindung der bloßen Zeitlichkeit der Zeit zur Ewigkeit der ewigen Wiederkehr. So schließt der Dritte und der letzte Teil des *Zarathustra* mit einem »trunkenen Lied« an die Ewigkeit, »Zarathustras Rundgesang«, in welchem die Kirchenglocke in Sils-Maria, die Nietzsche hörte, zur dionysischen Sprache wird, die den Bezug von »Tiefe der Welt« und »Sein« der Zeit eröffnet (IV, 285f):

»Eins!
O Mensch! Gib acht!
Zwei!
Was spricht die tiefe Mitternacht?
Drei!
›Ich schlief, ich schlief –,
Vier!
›Aus tiefem Traum bin ich erwacht: –
Fünf!
›Die Welt ist tief,
Sechs!
›Und tiefer als der Tag gedacht.
Sieben!
›Tief ist ihr Weh –,
Acht!
›Lust – tiefer noch als Herzeleid:
Neun!
›Weh spricht: Vergeh!
Zehn!
›Doch alle Lust will Ewigkeit –,
Elf!
›– will tiefe, tiefe Ewigkeit!
Zwölf!«

Der Vierte und letzte Teil des *Zarathustra* – »Summe eines tiefen und verborgenen Lebens« – bringt die »Erlösung« der »höheren Menschen« zur Darstellung. Diese Menschen des großen Ekels an der allgemein gewordenen Nivellierung, des tiefen Leidens an der Gottverlassenheit des modernen Daseins und der unstillbaren Sehnsucht, deren Notschrei Zarathustra aus seiner Höhle lockt, sind: der Wahrsager der großen Müdigkeit (Schopenhauer), die beiden Könige (die Verächter der falschen Repräsentation des Politischen), der Gewissenhafte des Geistes (der Wissenschaftler), der alte Zauberer (Richard Wagner), der alte Papst (der um den »toten Gott« trauernde und in dieser

Trauer fromme Mensch), der häßlichste Mensch (der »Mörder Gottes«, der große Selbsthasser und sich am Menschen Ekelnde), der freiwillige Bettler (der selbstlose Mensch) und der Schatten Zarathustras (der freie Geist). Sie alle sind – als der »Überrest Gottes« – tief Verzweifelte und Gescheiterte, die »Schatten« Zarathustras, die im gottlosen Zeitalter der Gleichschaltung der Massen und der Verbannung alles Geistigen aus den Wohnstätten des Lebens nicht mehr zu leben vermögen. Sie karikieren sich alle beim »Eselsfest« noch einmal, wenn in dieser gigantischen Groteske das immer gleiche I-A des Esels das dionysische Ja-Sagen zum Ganzen des Seins travestiert. Im Zweiten Teil des Werkes hatte Zarathustra seine »Freunde« ob der Frage »Ist es nicht Torheit, noch zu leben?« um Vergebung gebeten:

»Ach, meine Freunde, der Abend ist es, der so aus mir fragt. Vergebt mir meine Traurigkeit! Abend ward es: vergebt mir, daß es Abend ward!« (IV, 141)

Nun läßt in diesem Teil das Erlebnis jenes »Mittags«, an dem Zarathustra durch den »Mittagsabgrund« hindurch »in den Brunnen der Ewigkeit« fällt und sich ihm die Welt zur Vollkommenheit verwandelt, ihn die Erlösung durch den Tod ersehnen.[44] Die Verlockungen und Bedrängnisse der Vernunft beginnen sich unmerklich aufzulösen. In der nautischen Daseinsmetaphorik wird nicht mehr der Aufbruch ins Unbekannte gepriesen, das in einer Richtung liegt, »wo bisher *alle* Sonnen der Menschheit untergegangen sind«, sondern die Heimkehr des Schiffs in die »stillste Bucht«, zu der die Gewässer des Lebens allesamt zurückströmen: zur Erde.

»Wie ein Schiff, das in seine stille Bucht einlief: – nun lehnt es sich an die Erde, der langen Reisen müde und der ungewissen Meere. Ist die Erde nicht treuer?« (IV, 343)

Im »Trunkenen Lied« spricht Zarathustra dann »von der Liebe als dem Sinn des Seins« (F. Kaulbach):

»Alles von neuem, Alles ewig, Alles verkettet, verfädelt, verliebt, oh so *liebtet* ihr die Welt, –
– ihr Ewigen, liebt sie ewig und allezeit: und auch zum Weh sprecht ihr: vergeh, aber komm zurück! *Denn alle Lust will – Ewigkeit!*« (IV, 402)

In diesem Hymnus auf alles Seiende im glänzenden Licht des Eros verliert die abgründig negative Bedeutungsmacht des Todes seine ins Leben vorragende, in dessen Verlaufsbahnen verwobene Dämonie. Die Metaphorik des »Mittags« im Vierten Teil des *Zarathustra* wird zur Metonymie des großen »Lösers«, des Todes. »Wie der Aufgang der Sonne auf einen mehrdeutigen Untergang hinweist, so vollendet sich auch der scheinbar vollkommene Mittag zur Zeit des höchsten Standes der Sonne erst dann, als ›die Sonne sinkt‹. (...) Die bange, oft wiederholte Frage um Mittag: ›was geschieht mir doch‹, beantwortet sich mit der sinkenden Sonne durch den Übergang in den lösenden und erlösenden Wahnsinn.«[45] Indem das herrschende Zeichen in der Nomenklatur des Todes, »die Sonne«, dem an seiner Erkenntnis »verbrannten Herzen« »die große Kühle« eines in den »Abend« gleitenden »Nachmittags« ankündigt, das Zuendegehen eines Lebenstages, dessen »Purpur« über »weiße Meere« gleitet, verheißt es eine den »unterirdischen Ernst« des Zarathustra auflösende und ihn dadurch erlösende »güldene Heiterkeit«, dessen dionysisches »Glück« das sich selbst »müde« gewordene Denken zuletzt noch einholt in Wellenspiel und Versinken in »blauer Vergessenheit«.

»Wie ein zierlicher Wind, ungesehn, auf getäfeltem Meere tanzt, leicht, federleicht: so – tanzt der Schlaf auf mir.« (IV, 343)

Das aus seiner zufällig menschlich individuierten Lebensgestalt befreite Lebenspartikel gibt in der Metamorphose des Todes sich bewußtlos der schönen, durchsichtig flüssigen Formlosigkeit seines ewig schweigenden Ursprungselementes zurück. Darin wiederholt es eine »Verheißung des Lebens«: »aus der Zerstörung heimkommen«[46].

»Siebente Einsamkeit!
Nie empfand ich
näher mir süße Sicherheit,
wärmer der Sonne Blick.
– Glüht nicht das Eis meiner Gipfel noch?
Silbern, leicht, ein Fisch,
schwimmt nun mein Nachen hinaus...«
(VI, 397)

Nietzsches späte Werke

Jenseits von Gut und Böse

> »In aller bisherigen Wissenschaft der Moral *fehlte*, so wunderlich es klingen mag, noch das Problem der Moral selbst: es fehlte der Argwohn dafür, daß es hier etwas Problematisches gebe.«

Jenseits von Gut und Böse, Nietzsches erste Schrift nach dem *Zarathustra*, ist gleichsam dessen philosophischer »Kommentar«. Die ersten Aufzeichnungen zu dem Werk fallen noch in die Zeit der Arbeit am Vierten und letzten

Teil des *Zarathustra.* Im Juni 1885 ist das Buch fertiggestellt und erscheint im Sommer des folgenden Jahres. Am 5. August 1886 schreibt Nietzsche an Franz Overbeck:

»Das neue Buch (...) ist eben fertig geworden; der Auftrag, ein Exemplar an Dich nach Basel abzusenden, ist bereits seit einigen Tagen ergangen. (...) Ist Dir das Buch unerträglich, so doch vielleicht hundert Einzelheiten nicht! Vielleicht auch, daß es dazu beiträgt, ein paar erhellende Lichter auf meinen Zarathustra zu werfen: der deshalb ein unverständliches Buch ist, weil er auf lauter Erlebnisse zurückgeht, die ich mit niemandem teile. Wenn ich Dir einen Begriff meines Gefühls von Einsamkeit geben könnte! Unter den Lebenden so wenig als unter den Toten habe ich jemanden, mit dem ich mich verwandt fühle. Dies ist unbeschreiblich schauerlich; und nur die Übung im Ertragen dieses Gefühls und eine schrittweise Entwicklung desselben von Kindesbeinen an macht mir's begreiflich, daß ich noch nicht zugrunde gegangen bin. – Im übrigen liegt die Aufgabe, um derentwillen ich lebe, klar vor mir – als ein factum von unbeschreiblicher Traurigkeit.« (Briefe VII, 223)

Als »Kritik der Modernität« ist *Jenseits von Gut und Böse* eine Kritik der Philosophie (Erstes Hauptstück: »Von den Vorurteilen der Philosophen«), der Religion (Drittes Hauptstück: »Das religiöse Wesen«), der Moral (Fünftes Hauptstück: »Zur Naturgeschichte der Moral«).

Nietzsches Kritik an der Philosophie im Ersten Hauptstück legt die moralischen Vorurteilsstrukturen frei, die dem philosophischen Denken zugrunde liegen. Unter dem für Nietzsche illegitimen Anspruch, im Besitz der Wahrheit zu sein und die Totalität der Wirklichkeit zu erfassen, verfälschen die Philosophen die Wirklichkeit, indem sie sie mit »Wertschätzungen zur Erhaltung einer bestimmten Art von Leben« (V, 17) verwechseln. Philosophie wird zur

Ideologie, wenn sie die jeweils herrschenden moralischen Vorurteile zu allgemeinen, zeitlos gültigen »Wahrheiten« generalisiert. Die unzulässige Verallgemeinerung nur begrenzt gültiger Werte ist das methodologische Verfahren eines durch und durch ideologischen Denkens, das sich in den Fehlleistungen der philosophischen Sprache manifestiert.

Innerhalb der philosophischen Aussagen suggerieren Subjektbildungen reale Entitäten. Werturteile und Wirklichkeitsaussagen erscheinen in ihrer sprachlichen Form als identisch. Dies ermöglicht, daß moralische Wertungen als notwendige Attribute der Wirklichkeit ausgegeben werden können. Die Philosophie verknüpft Begriffe mit Attributen und glaubt, die wirklichen Eigenschaften der Dinge vergegenwärtigt zu haben. Sie verknüpft desweiteren Subjekt und Prädikat und schafft damit die Imagination vom »Täter« und »Tun«, einen Kausalnexus, der – wie in *Menschliches, Allzumenschliches* formuliert – »die philosophische Mythologie, (die) in der Sprache versteckt« ist, übernimmt. Die Philosophie verneint ferner bestimmte Aspekte der Wirklichkeit zugunsten moralisch erlaubter und zugelassener Aspekte, die dann als die einzig legitime »Wirklichkeit« ausgegeben werden. Die folgenschwere Ineinssetzung von Wahr und Gut dient der Wiedergutmachung tiefer narzißtischer Kränkungen mittels der Zurechtstilisierung einer Scheinwelt, die – über den »schrecklichen Grundtext homo natura« gemalt – wiederum der Legitimation moralischer Vorurteilsstrukturen dient.

»›... die Dinge höchsten Wertes müssen einen anderen, *eigenen* Ursprung haben, – aus dieser vergänglichen, verführerischen, täuschenden, geringen Welt, aus diesem Wirrsal von Wahn und

Begierde sind sie unableitbar! Vielmehr im Schoße des Seins, im Unvergänglichen, im verborgenen Gotte, im ›Ding an sich‹ – da muß ihr Grund liegen, und sonst nirgendwo!‹ – Diese Art zu urteilen macht das typische Vorurteil aus, an dem sich die Metaphysiker aller Zeiten wiedererkennen lassen; diese Art von Wertschätzungen steht im Hintergrunde aller ihrer logischen Prozeduren; aus diesem ihrem ›Glauben‹ heraus bemühen sie sich um ihr ›Wissen‹, um etwas, das feierlich am Ende als ›die Wahrheit‹ getauft wird. Der Grundglaube der Metaphysiker ist der Glaube an die Gegensätze der Werte. Es ist auch den Vorsichtigsten unter ihnen nicht eingefallen, hier an der Schwelle bereits zu zweifeln, wo es doch am nötigsten war: selbst wenn sie sich gelobt hatten ›de omnibus dubitandum‹.« (V, 16)

Das Zweite Hauptstück, »Der freie Geist«, ist den »Philosophen der Zukunft« gewidmet:

»Eine neue Gattung von Philosophen kommt herauf: ich wage es, sie auf einen nicht ungefährlichen Namen zu taufen. So wie ich sie errate, so wie sie sich erraten lassen – denn es gehört zu ihrer Art, irgend worin Rätsel bleiben zu *wollen* –, möchten diese Philosophen der Zukunft ein Recht, vielleicht auch ein Unrecht darauf haben, als *Versucher* bezeichnet zu werden. Dieser Name selbst ist zuletzt nur ein Versuch, und, wenn man will, eine Versuchung.« (V, 59)

Das Dritte Hauptstück »Das religiöse Wesen« zeigt diesen Sachverhalt als sublimierte Qual. Das »Wesen« des Religiösen als gleichsam verinnerlichte Mystik des Masochismus ist – das hat Nietzsche gegen dessen Verharmlosung scharf akzentuiert – die Grausamkeit. Das Syndrom des Religiösen ist »eine große Leiter der religiösen Grausamkeit mit vielen Sprossen«. Innerhalb der Praxis dieses Ritualsystems ist das Opfer als der – vergebliche – Versuch, den Schicksalscharakter des Lebens zu durchbrechen, zugleich dessen vollkommenster Ausdruck: je mehr im Opfer an innermenschlicher Natur verleugnet wird, desto mehr fällt das Opfer selbst dem Zwangsvollzug blinder Natur anheim, wenn es sich zuletzt gezwungen sieht, »den Stein, die Dummheit, die Schwere, das Schicksal, das Nichts anzubeten. Für das Nichts Gott zu opfern – dieses paradoxe Mysterium der letzten Grausamkeit« (V, 174) – bleibt nach Nietzsche »dem Geschlechte, welches jetzt eben heraufkommt, aufgespart«. Dieses »paradoxe Mysterium der letzten Grausamkeit« ist für Nietzsche untrennbar verbunden mit der Vollendung der Geschichte des philosophischen Atheismus, die »den Niedergang des europäischen Theismus« zu ihrer Voraussetzung hat:

»Warum heute Atheismus? – ›Der Vater‹ in Gott ist gründlich widerlegt; ebenso ›der Richter‹, ›der Belohner‹. Insgleichen sein ›freier Wille‹: er hört nicht, – und wenn er hörte, wüßte er trotzdem nicht zu helfen. Das Schlimmste ist: er scheint unfähig, sich deutlich mitzuteilen: ist er unklar? – Dies ist es, was ich als Ursachen für den Niedergang des europäischen Theismus (...) ausfindig gemacht habe« (V, 72f).

Das Fünfte Hauptstück, »Zur Naturgeschichte der Moral«, interpretiert diese am Leitfaden des »Willens zur Macht« als eine »Zeichensprache der Affekte«. Die Reflexion auf die »Wissenschaft der Moral« ist hierbei vor allem durch den »Argwohn« bestimmt, daß es an den moralischen Ordnungen und ihren Geltungsansprüchen etwas von Grund auf Problematisches gibt, das bislang überhaupt noch nicht bemerkt wurde: das Problem der Legitimität der Moral überhaupt.

»In aller bisherigen ›Wissenschaft der Moral‹ *fehlte,* so wunderlich es klingen mag, noch das Problem der Moral selbst: es fehlte der Argwohn dafür, daß es hier etwas Problematisches gebe.« (V, 106)

Solange der Mythos von der Existenz Gottes noch als selbstverständlich anerkannt wurde, solange war nach Nietzsche auch der Sanktionsgrund der Moral gesichert. Erst nach dem »Tode Gottes«, d. h. nach dem Wegfall der die Moral sanktionierenden Gottesidee, ist die Notwendigkeit, daß es Moral im Sinne unbedingter Verpflichtung geben soll, nicht mehr einsehbar; es ist »alles erlaubt« (F. M. Dostojewski). Neben Dostojewski ist Nietzsche innerhalb seines Jahrhunderts der einzige, der dieses »Problem« gesehen hat – »seine Titel ›Gott ist tot‹ und ›Jenseits von Gut und Böse‹ sind letztlich nur zwei Varianten über ein einziges Thema« (G. Anders). Und Nietzsche ist es, der den unzeitgemäßen Mut gehabt hat, die daraus sich ergebenden nihilistischen Konsequenzen zu Ende zu denken, daß nämlich der abendländische metaphysische Gegensatz Gott-Teufel fortfällt und damit auch die Grundlage einer metaphysisch fundierten Moral des »Guten an sich«[47].

Zur Genealogie der Moral

> »Im Menschen ist soviel Entsetzliches!
> die Erde war zu lange schon ein Irrenhaus!«

Nietzsches philosophisch geschlossenste Publikation, seine Schrift *Zur Genealogie der Moral* – innerhalb von zwanzig Tagen (vom 10. bis 30. Juli 1887) geschrieben –, versucht, wie Nietzsche an Jacob Burckhardt schreibt, ein paar »Hauptvoraussetzungen« der vorausgegangenen Schrift *Jenseits von Gut und Böse* deutlicher zu machen. Die Schrift selbst gliedert sich in drei Abhandlungen.

Die Erste Abhandlung, »›Gut und Böse‹, ›Gut und Schlecht‹«, gibt eine am Begriff des Ressentiments entwikkelte Psychologie des Christentums. Das Christentum erscheint als das Resultat einer dekadenten Interpretation der Welt und des Lebens, die ihrerseits von Nietzsche auf spezifische Wert- und Bewußtseinshaltungen des Menschen zur Realität zurückgeführt wird. Diese Akte des Schätzens, des Vorziehens und des Herabsetzens werden im »Sklavenaufstand der Moral« als weltgeschichtliche Figur des Christentums wirksam. Der Begriff des Ressentiments hat in diesem Zusammenhang die Funktion, zu erklären, wie die durch die Natur vorgegebene Hierarchie der Macht sich zur Herrschaft der Ohnmächtigen über die ursprünglich Mächtigen verkehren konnte. Die ganze christliche Moral ist für Nietzsche ein Instrument der Verfälschung und Unterwerfung ursprünglicher Natur durch das, was nicht Natur ist – Gott, Vernunft, Gewissen –, und ihre gleichzeitige Verinnerlichung, Vergeistigung und Verdrängung. Auch hinter dem Willen der Verneinung der Macht steht ein Bedürfnis nach Macht. Auch hinter dem Willen zur Aufhebung der Herrschaft verbirgt sich ein Wille zur Herrschaft. Das Phänomen des schlechten Gewissens wird für Nietzsche zum Schlüssel, zur verborgenen Bestimmung aller bisherigen Geschichte, der Geschichte von Herrschaft und Macht und ihrer Pathologie; das schlechte Gewissen interpretiert er als Symptom der mißglückten Verdrängung dieser Geschichte. So heißt es weiterführend in der im folgenden Jahr verfaßten *Götzen-Dämmerung*:

»Zu allen Zeiten hat man die Menschen ›verbessern‹ wollen: dies vor allem hieß Moral. Aber unter dem gleichen Wort ist das Allerverschiedenste von Tendenz versteckt. Sowohl die *Zähmung* der Bestie Mensch, als die *Züchtung* einer bestimmten Gattung Mensch ist ›Besserung‹ genannt worden: erst diese zoologischen

Termini drücken Realitäten aus – Realitäten freilich, von denen der typische ›Verbesserer‹, der Priester, nichts weiß – nichts wissen will. Die Zähmung eines Tieres seine ›Besserung‹ zu nennen ist in unseren Ohren beinahe ein Scherz. Wer weiß, was in Menagerien geschieht, zweifelt daran, daß die Bestie daselbst ›verbessert‹ wird.« (VI, 99)

Die Zweite Abhandlung, »›Schuld‹, ›Schlechtes Gewissen‹ und Verwandtes«, thematisiert im Rahmen jener von Nietzsche durchgeführten »Kritik der Moderne« die Mechanismen der Selbstunterdrückung am Modell der institutionalisierten Moral. Zugleich ist sie Nietzsches wohl bedeutendster sozialphilosophischer Exkurs. In ihm widersetzt sich Nietzsche der weitverbreiteten optimistischen Vorstellung von der sozialen Natur des Menschen. Als Naturwesen ist der Mensch für Nietzsche ein soziales »Tier«, das erst im Verlauf der grausamen Geschichte der menschlichen Kultur zu einem gesellschaftlichen Wesen wird. Das Wesen der Gesellschaft ist für Nietzsche die Gewalt, insofern die soziale Natur des Menschen, das Sicheinfügen in eine gegebene Ordnung – mag es pragmatisch, moralisch oder religiös begründet sein – wesentlich auf die »Mnemonik des Schmerzes«, die Erinnerung an Zwangsakte zurückgeht, durch welche die Menschen allererst zivilisiert und für die gesellschaftlichen Strukturen der Macht präpariert worden sind.

»›Man brennt etwas ein, damit es im Gedächtnis bleibt: nur was nicht aufhört, *weh zu tun*, bleibt im Gedächtnis‹ – das ist ein Hauptsatz aus der allerältesten (...) Psychologie auf Erden.« (V, 295)

Die Geschichte der menschlichen Kultur ist für Nietzsche die verinnerlichte Form einer Grausamkeit, durch die »das

Selbst, der identische, zweckgerichtete Charakter der Menschen« (Horkheimer/Adorno) allererst geschaffen wurde:

»Es ging niemals ohne Blut, Martern, Opfer ab, wenn der Mensch es nötig hielt, sich ein Gedächtnis zu machen; die schauerlichsten Opfer und Pfänder (...), die widerlichsten Verstümmelungen (...), die grausamsten Ritualformen aller religiösen Kulte (und alle Religionen sind auf dem untersten Grunde Systeme von Grausamkeiten) – alles das hat in jenem Instinkte seinen Ursprung, welcher im Schmerz das mächtigste Hilfsmittel der Mnemonik erriet. (...) Je schlechter die Menschheit ›bei Gedächtnis‹ war, um so furchtbarer ist immer der Aspekt ihrer Bräuche; die Härte der Strafgesetze gibt insonderheit einen Maßstab dafür ab, wieviel Mühe sie hatte, gegen die Vergeßlichkeit zum Sieg zu kommen und ein paar primitive Erfordernisse des sozialen Zusammenlebens diesen Augenblicks-Sklaven des Affekts und der Begierde gegenwärtig zu erhalten.« (V, 295f)

Bei Nietzsche wird die Geschichte der menschlichen Zivilisation als die Geschichte verinnerlichter Grausamkeit lesbar, einer Grausamkeit, welche sich gerade in der gesellschaftlich erzwungenen Verdrängung in der Zivilisation ungebrochen fortsetzt. Nietzsche sieht – anders als Marx – die Totalität von Herrschaft als allumfassend: Naturbeherrschung, die sich mit der Gewalt des Subjekts über seine innere Natur verbindet, verewigt den mörderischen Zusammenhang des Lebens in einer einzigen Leidensgeschichte. In ihr bildet sich gesellschaftliche Erfahrung als das, was weh tut.

Hatte der Pessimismus der Kantischen Geschichtsphilosophie die Konstellation Mensch-Natur in der Dialektik der Aufklärung bereits auf die Identität von Mensch und Tier festgelegt – »der Mensch ist ein Tier« heißt es bei Kant ausdrücklich im Sechsten Satz der *Idee zu einer all-*

gemeinen Geschichte in weltbürgerlicher Absicht (1784) –, so ist nach dem Sturz des »höchsten Gutes« erneut die Frage Nietzsches offen:

»Ein Tier heranzüchten, das *versprechen darf* – ist das nicht gerade jene paradoxe Aufgabe selbst, welche sich die Natur in Hinsicht auf den Menschen gestellt hat? Ist es nicht das eigentliche Problem *vom* Menschen?« (V, 291)

Indem Nietzsche diese von ihm mit dem weiteren Schicksal des Menschen verbundene Frage nicht mehr »positiv« beantworten kann, droht erneut der Rückfall der Neuzeit in Vorgeschichte auf einer historisch erweiterten Stufe jenes Terrors, dessen Ausdruck die Identität von Vernunft und Herrschaft des Wahns ist, denn »im Menschen ist soviel Entsetzliches! Die Erde war zulange schon ein Irrenhaus!« (V, 333).

In der Dritten Abhandlung fragt Nietzsche nach der Bedeutung des asketischen Ideals. Er sieht es vor allem darin begründet, daß es die Voraussetzungen dafür schafft, das Leiden der Menschen an der Sinnlosigkeit ihres Lebens aufzuheben. Die Funktion des asketischen Ideals besteht in einer Sinngebung des Sinnlosen.

»Sieht man vom asketischen Ideal ab: so hatte der Mensch, das *Tier* Mensch bisher keinen Sinn. Sein Dasein auf Erden enthielt kein Ziel; ›wozu Mensch überhaupt?‹ – war eine Frage ohne Antwort; ... hinter jedem großen Menschen-Schicksal klang als Refrain ein noch größeres ›Umsonst!‹ *Das* eben bedeutet das asketische Ideal: daß etwas *fehlt*, daß eine ungeheure *Lücke* den Menschen umstand, – er wußte sich selbst nicht zu rechtfertigen, zu erklären, zu bejahen, er *litt* am Problem seines Sinns. Er litt auch sonst, er war in der Hauptsache ein krankhaftes Tier: aber *nicht* das Leiden selbst war sein Problem, sondern daß die Antwort fehlte für den Schrei der Frage ›*wozu* leiden?‹ ... Die Sinnlosigkeit des Leidens, nicht das Leiden, war der Fluch, der bisher über der Menschheit ausgebreitet lag, – und das asketische Ideal bot ihr einen Sinn! Es war bisher der einzige Sinn; irgendein Sinn ist besser als gar kein Sinn; das asketische Ideal war in jedem Betracht das ›faute de mieux‹ par excellence, das es bisher gab. In ihm war das Leiden ausgelegt; die ungeheure Leere schien ausgefüllt; die Tür schloß sich vor allem selbstmörderischen Nihilismus zu. (...) Der Mensch war damit gerettet, er hatte einen Sinn, er war fürderhin nicht mehr wie ein Blatt im Winde, ein Spielball des Unsinns, des ›Ohne-Sinns‹.« (V, 411f)

Nietzsche verbindet den Grundsatz seiner naturalistischen Anthropologie – der Mensch ist ein »krankhaftes Tier« – mit dem Problem des Leidens, das sich an der Härte des Schmerzes und der »ungeheuren Lücke«, die das Rätsel des Lebens ist, als jene quälende Frage des »Wozu« erweist, die durch keine wie immer geartete Organisation des gesellschaftlichen Lebens behoben werden kann. Die »ungeheure Lücke«, die den Menschen umsteht, ist das Undurchdringliche, das Abweisende dessen, was dem Menschen entgegensteht und von ihm schlechterdings nicht vereinnahmt werden kann.[48] Aus der Faktizität der Erfahrung dieser »Härte« rettet sich der Mensch mittels des asketischen Ideals, indem er sich der Absurdität, diesem alle Bedeutungen abweisenden »Nichts«, anheimgibt und darin sich gleichsam selbst aufgibt:

»Er ergreift in ›Gott‹ die letzten Gegenstände, die er zu seinen eigentlichen und unablöslichen Tier-Instinkten zu finden vermag, (...) er spannt sich in den Widerspruch ›Gott‹ und ›Teufel‹, er wirft alles Nein, das er zu sich selbst, zur Natur, Natürlichkeit, Tatsächlichkeit seines Wesens sagt, aus sich heraus als ein Ja, als seiend, leibhaft, wirklich, als Gott, als Heiligkeit Gottes, als Richtertum Gottes, als Henkertum Gottes, als Jenseits, als Ewigkeit, als Marter ohne Ende, als Hölle.« (V, 332)

Nach dem Verfall des asketischen Ideals fällt der Mensch auf die nackte Faktizität des Leidens zurück. Die Frage nach dem »Sinn« des Leidens – »wozu leiden?« – bleibt ohne Antwort. Das Leiden aber bleibt. Für Nietzsche ist der neuzeitliche Atheismus als die »auf ihren Kern reduzierte Metaphysik« (G. Rohrmoser) eine Katastrophe, insofern er alle asketischen Ideale verneint, alle Antworten auf die Frage nach dem »Sinn« selbst wieder in Frage stellt und so zuletzt die Gleichgültigkeit von Wahrheit und Lüge als vernichtende Indifferenz des Absurden zum Bewußtsein bringt. Der Atheismus ist aber auch deshalb eine Katastrophe, weil er am Willen zur Wahrheit festhält und gleichzeitig sich gezwungen sieht, Wahrheit nach dem Wegfall der sie begründenden und sichernden Gottesidee zu negieren. Die von Nietzsche in diesem Zusammenhang skizzierte doppelte Selbstauflösung des christlichen Glaubens sowohl als Credo, ut intelligam wie auch als Credo, quia absurdum[49] (im 27. Aphorismus der Dritten Abhandlung der *Genealogie der Moral*) erzwingt den Atheismus der Neuzeit als eine letzte zu sich selber kommende Wahrhaftigkeit:

»Dergestalt ging das Christentum *als Dogma* zugrunde, an seiner eignen Moral; dergestalt muß nun auch das Christentum *als Moral* noch zugrunde gehen, – wir stehen an der Schwelle *dieses* Ereignisses. Nachdem die christliche Wahrhaftigkeit einen Schluß nach dem andern gezogen hat, zieht sie am Ende ihren *stärksten Schluß*, ihren Schluß *gegen* sich selbst; dies aber geschieht, wenn sie die Frage stellt, ›*was bedeutet aller Wille zur Wahrheit*?‹ (...) Welchen Sinn hätte unser ganzes Sein, wenn nicht den, daß in uns jener Wille zur Wahrheit sich selbst *als Problem* zum Bewußtsein gekommen wäre? An diesem Sichbewußtwerden des Willens zur Wahrheit geht von nun an (...) die Moral *zugrunde*: jenes große Schauspiel in hundert Akten, das den nächsten zwei

Jahrhunderten Europas aufgespart bleibt, das furchtbarste, fragwürdigste (...) aller Schauspiele.« (V, 410f)

Im »Sichbewußtwerden des Willens zur Wahrheit« als eines Problems sieht sich die Neuzeit erneut vor die Aporie ihrer Selbstrechtfertigung gestellt, wenn sie infolge einer »zweitausendjährigen Zucht zur Wahrheit, welche am Schlusse sich die Lüge im Glauben an Gott verbietet«, sich zuletzt noch gezwungen sieht, die Prätention auf Wahrheit zu verabschieden, von der her sie doch in ihrem Selbstverständnis bestimmt war:

»Auch wir Erkennenden von Heute, wir Gottlosen und Antimetaphysiker, auch wir nehmen unser Feuer noch von jenem Brande, den ein Jahrtausende alter Glaube entzündet hat, jener Christen-Glaube, der auch der Glaube Platos war, daß Gott die Wahrheit ist, daß die Wahrheit göttlich ist. Aber wie, wenn gerade dies immer mehr unglaubwürdig wird, wenn nichts sich mehr als göttlich erweist, es sei denn der Irrtum, die Blindheit, die Lüge, – wenn Gott selbst sich als unsre längste Lüge erweist?« (V, 401)

Auf die *Genealogie der Moral* hin – einen der großen subversiven Texte der Moderne – blieb alles stumm. Die furchtbaren Fragen Nietzsches blieben ohne Antwort – Nietzsche hat dies gewußt, als er schrieb:

»Versteht man mich? Hat man mich verstanden? ›Schlechterdings nicht! Mein Herr!‹« (V, 339)

Götzen-Dämmerung – oder wie man mit dem Hammer philosophiert

»Es gibt mehr Götzen als Realitäten in der Welt:
das ist mein ›böser Blick‹ für diese Welt.«

Im August des Jahres 1888 verfaßt Nietzsche in Sils-Maria seine »große Kriegserklärung« an all das, was bisher für wahr gehalten wurde: die *Götzen-Dämmerung* (ursprünglicher Titel: »Müßiggang eines Psychologen«). Im *Ecce homo* schreibt er, was es mit dem letztlich gewählten Titel auf sich hat: »Das, was Götze auf dem Titelblatt heißt, ist ganz einfach das, was bisher Wahrheit genannt wurde. Götzen-Dämmerung – auf deutsch: es geht zu Ende mit der alten Wahrheit« (VI, 354).

In drei kurzen philosophischen Abschnitten – »Die ›Vernunft‹ in der Philosophie«, »Moral der Widernatur« und »Die vier großen Irrtümer« – gibt Nietzsche eine nominalistische Kritik der durch das »grobe Fetischwesen« der Sprache produzierten Vernunft-Vorurteile, wie sie sich vor allem in der Fiktion der Begriffe von Subjekt, Kausalität und Substanz zeigen. Die entscheidende Passage hierzu findet sich im § 5 des ersten Abschnittes »Die ›Vernunft‹ in der Philosophie«:

»Wir kommen in ein grobes Fetischwesen hinein, wenn wir uns die Grundvoraussetzungen der Sprach-Metaphysik, auf deutsch: der *Vernunft*, zum Bewußtsein bringen. *Das* sieht überall Täter und Tun: (...) das glaubt ans ›Ich‹, ans Ich als Sein, ans Ich als Substanz und *projiziert* den Glauben an die Ich-Substanz auf alle Dinge. (...) Das Sein wird überall als Ursache hineingedacht, *untergeschoben*; aus der Konzeption ›Ich‹ folgt erst, als abgeleitet, der Begriff ›Sein‹. (...) Ich fürchte, wir werden Gott nicht los, weil wir noch an die Grammatik glauben.« (VI, 77f)

Die grammatischen Strukturen der Sprache bestimmen die Form der transzendentalen Synthesis des Subjekts. Sie verleihen den Erfahrungen des eigenen Ich wie auch denen der Gegenstände eine eigentümliche Starrheit, die sich gegen die Erfahrung der Veränderlichkeit, der produktiven Intensität und des Werdens abdichtet, um sich nur umso fester in der Projektion einer aller Erfahrung vorgängigen und sie begründenden Substantialität zu verschließen.

Die gesamte Verfallsgeschichte der abendländischen Metaphysik wird von Nietzsche in der *Götzen-Dämmerung* auf einem einzigen Blatt zu Ende erzählt. Dieses Blatt trägt die Überschrift »Wie die ›wahre Welt‹ endlich zur Fabel wurde. Geschichte eines Irrtums«.

1. Die wahre Welt, erreichbar für den Weisen, den Frommen, den Tugendhaften, – er lebt in ihr, *er ist sie.*
   (Älteste Form der Idee, relativ klug, simpel, überzeugend. Umschreibung des Satzes ›ich, Plato, *bin* die Wahrheit‹.)
2. Die wahre Welt, unerreichbar für jetzt, aber versprochen für den Weisen, den Frommen, den Tugendhaften (für ›den Sünder, der Buße tut‹).
   (Fortschritt der Idee: sie wird feiner, verfänglicher, unfaßlicher, – *sie wird Weib*, sie wird christlich.)
3. Die wahre Welt, unerreichbar, unbeweisbar, unversprechbar, aber schon als gedacht ein Trost, eine Verpflichtung, ein Imperativ.
   (Die alte Sonne im Grunde, aber durch Nebel und Skepsis hindurch; die Idee sublim geworden, bleich, nordisch, königsbergisch.)
4. Die wahre Welt – unerreichbar? Jedenfalls unerreicht. Und als unerreicht auch *unbekannt.* Folglich auch nicht tröstend, erlösend, verpflichtend: wozu könnte uns etwas Unbekanntes verpflichten?
   (Grauer Morgen. Erstes Gähnen der Vernunft. Hahnenschrei des Positivismus.)

5. Die ›wahre‹ Welt – eine Idee, die zu nichts mehr nütz ist, nicht einmal mehr verpflichtend, – eine unnütz, eine überflüssig gewordene Idee, folglich eine widerlegte Idee: schaffen wir sie ab!
(Heller Tag; Frühstück; Rückkehr des bon sens und der Heiterkeit; Schamröte Platos: Teufelslärm aller freien Geister.)
6. Die wahre Welt haben wir abgeschafft: welche Welt blieb übrig? die scheinbare vielleicht? Aber nein! mit der wahren Welt haben wir auch die scheinbare abgeschafft!
(Mittag; Augenblick des kürzesten Schattens; Ende des längsten Irrtums; Höhepunkt der Menschheit; INCIPIT ZARATHUSTRA.) (VI, 80f)

Das erste Stadium der Verfallsgeschichte der Metaphysik ist nach Nietzsche durch den Platonismus bestimmt. In der Platonischen Philosophie kommt die »Verdoppelung« der Welt in eine Welt des sinnlichen Scheins und eine Welt des übersinnlichen Seins zur Herrschaft. Der die Auslegung des Wesens der Metaphysik seit Plato bestimmende Gesichtspunkt ist in dieser Erzählform der Bezug von Mensch und Wahrheit. In der Platonischen Philosophie wird dieser »Bezug« so gedacht, daß der Mensch die Wahrheit erreichen, ja sie ›sein‹ kann, insofern er sich in die Verfassung des Weisen, des Frommen und des Tugendhaften zu bringen vermag.

Das zweite Stadium der Verfallsgeschichte der Metaphysik wird nach Nietzsche durch das Christentum bestimmt. Christentum ist für Nietzsche hierbei eine Gestalt des Platonismus, in welcher der Gegenwartsbezug von Mensch und Wahrheit in eine Zukunftserwartung verwandelt wird. Das heißt, die bei Plato an ein räumliches Denkmodell gebundenen Orientierungspunkte des Wahrheitsverhältnisses »hier« und »dort« werden abgelöst von der zeitlichen Bestimmung »jetzt« und »dann«. Diese

Verzeitlichung der Metaphysik bestimmt nach Nietzsche das Christentum als Gestalt des verfallenden Platonismus, in welcher an die Stelle der Gegenwart die Zukunft als der »Ort« erreichbarer Wahrheit tritt.

Das dritte Stadium der Verfallsgeschichte ist nach Nietzsche durch die Kantische Philosophie bestimmt. In der Philosophie Kants und der durch sie repräsentierten Destruktion des ontologischen Gottesbeweises in der *Kritik der reinen Vernunft* ist die »wahre Welt« unerreichbar, weil unbeweisbar geworden. Aber noch als bloß gedachte ist die »wahre Welt« für Kant ein Trost, der über die Verzweiflung hinweghilft, daß das schlechthin Unbedingte im Bedingungszusammenhang des Wirklichen gar nicht anzutreffen ist. Noch als gedachte ist die »wahre Welt« für Kant ein Grund zur moralischen Verpflichtung, der davor bewahrt, daß die der Idee des Sittengesetzes verpflichtete Existenz als eine absurde angesehen werden muß.

Das vierte Stadium der Verfallsgeschichte ist nach Nietzsche durch den neuzeitlichen Positivismus bestimmt. In ihm verliert der Gedanke der »wahren Welt« jede den Menschen tröstende und ihn verpflichtende Kraft. Die den Positivismus bestimmende Instrumentalisierung der Vernunft, die sich auf die Verwertbarkeit des faktisch Vorfindlichen bezieht, resultiert nach Nietzsche aus der Unverbindlichkeit des Gedankens einer »wahren Welt«.

Das fünfte Stadium der Verfallsgeschichte der Metaphysik ist das Stadium des »Freien Geistes«. In ihm vollzieht sich die Abschaffung der »wahren Welt«.

Das sechste Stadium der Verfallsgeschichte der Metaphysik ist – als das Ende der dieser Geschichte eingezeichneten »Geschichte eines Irrtums« – der zu sich selbst gekommene Nihilismus, insofern nach dem Wegfall der

»wahren Welt« nunmehr die Möglichkeit hinfällig geworden ist, noch in der Weise der Metaphysik Wahrheit von Unwahrheit, Sein von Schein zu scheiden. Die Geschichte der Metaphysik als eine Geschichte des zu sich selbst kommenden Nihilismus ist gleichsam die Verkehrung von Plato in Zarathustra; dieser aber, mit dem Nietzsche sich ausdrücklich identifiziert, ist nach dem Untergang aller Interpretationen der Welt und des Seins, nach dem Untergang des in ihnen sich zu Ende erzählt habenden »Ich«, nurmehr die ästhetische Chiffre für das Integral aller perspektivischen Linien des Lebens. Insofern ist er das Symbol für den noch nicht in die Geschichte eingetretenen neuen Stand der Beschaffenheit der Willen-zur-Macht-Prozesse und der durch sie bewirkten Sinnautarkie des Daseins.

Die von Nietzsche in der Götzendämmerung skizzierte Verfallsgeschichte der Metaphysik ist – als Vorstudie zu der von ihm geleisteten Reflexion auf den Nihilismus, also auf das Resultat der Selbstauflösung der Geschichte des metaphysischen Denkens – die entscheidende Passage dieser späten Schrift.

Der Antichrist – Fluch auf das Christenthum

> »Wenn man das Schwergewicht des Lebens nicht ins Leben, sondern ins ›Jenseits‹ verlegt – ins Nichts –, so hat man dem Leben überhaupt das Schwergewicht genommen.«

Nietzsches im September 1888 geschriebene Kampfschrift *Der Antichrist* – ursprünglich von ihm als das erste Buch der geplanten »Umwertung aller Werte« konzipiert – ist einer der schärfsten Angriffe auf Christentum und Staatskirche, die im 19. Jahrhundert verfaßt wurden:

»Diese ewige Anklage des Christentums will ich an alle Wände schreiben, wo es nur Wände gibt. (…) Ich heiße das Christentum den Einen großen Fluch, die Eine große innerlichste Verdorbenheit, den Einen großen Instinkt der Rache, dem kein Mittel giftig, heimlich, unterirdisch, *klein* genug ist, – ich heiße es den Einen unsterblichen Schandfleck der Menschheit.« (VI, 253)

Die ideologische Zurechtfälschung der Wirklichkeit in Form der »Lüge der ›sittlichen Weltordnung‹« geht nach Nietzsche innerhalb der Geschichte des Christentums zu Lasten der Theologie, deren Entstehung für ihn mit der Schlüsselgestalt des Paulus[50] verbunden ist. Nicht mit Jesus, der Nietzsches Interpretation zufolge gerade zur Gegenfigur der »Hinter-Welt« des Christentums wird, setzt das Verhängnis der Verleugnung des Lebens ein, sondern mit der Paulinischen Theologie. Jesus selbst – »dieser heilige Anarchist« – lebte nach Nietzsche in einer Welt jenseits aller Realität, im »Himmelreich« einer »bloß noch ›inneren Welt‹«. So wird Renans Deutung des *Lebens Jesu* (1863) von Nietzsche scharf zurückgewiesen:

»Aus Jesus einen *Helden* machen! – Und was für ein Mißverständnis ist gar das Wort ›Genie‹! (…) Mit der Strenge des Physiologen gesprochen, wäre hier ein ganz andres Wort eher noch am Platz, das Wort Idiot.« (VI, 200)

Als »physiologischer Typus« verweist der »Idiot« auf das Bild des Fürsten Myschkin in Dostojewskis religiösem Roman *Der Idiot* (1868). – Im Grunde ist bereits das Wort »Christentum« für Nietzsche ein grandioses »Mißverständnis«[51]:

»Im Grunde gab es nur Einen Christen, und der starb am Kreuz. Das ›Evangelium‹ starb am Kreuz. Was von diesem Augenblick an ›Evangelium‹ heißt, war bereits der Gegensatz dessen, was er gelebt.« (VI, 211)

Das Christentum als »Dysangelium« ist für Nietzsche eine einzige Perversion des am Kreuz gescheiterten »Evangeliums«; seine Geschichte ist die Geschichte einer Verfälschung des von Jesus Gelebten durch die Glaubenslehre des Paulus:

»In Paulus verkörpert sich der Gegensatz-Typus zum ›frohen Botschafter‹, das Genie im Haß, in der Vision des Hasses, in der unerbittlichen Logik des Hasses.« (VI, 215f)

An die Stelle einer schon hier und heute erfahrbaren »Seligkeit« treten die imaginären Elemente »Sünde«, »Strafe«, »Jüngstes Gericht«, die Vergöttlichung des Nichts im christlichen Gottesbegriff als »Systeme von Grausamkeit«. Angesichts dieser Verkehrungen durch das Folterinstrumentarium einer theologischen Begriffswelt aus dem »Geist der Rache« konstatiert Nietzsche:

»Daß die Menschheit vor dem Gegensatz dessen auf den Knien liegt, was der Ursprung, der Sinn, das *Recht* des Evangeliums war, daß sie in dem Begriff ›Kirche‹ gerade das heilig gesprochen hat, was der ›frohe Botschafter‹ als *unter* sich, als *hinter* sich empfand – man sucht vergebens nach einer größeren Form *welthistorischer Ironie.*« (VI, 208)

Der Antichrist wurde nicht zum Druck gegeben. Wohl aber hatte Nietzsche fünf Jahre zuvor, am 3. April 1883, an Malwida von Meysenbug geschrieben: »Ich bin (...) der Antichrist« (Briefe VI, 357).

Mit dem *Antichrist*, der den Übergang zum »politischen« Wirken-Wollen Nietzsches markiert, ist die *Um-*

wertungs-Arbeit prinzipiell abgeschlossen. »Betrachtet man den *Antichrist* im Zusammenhang mit Nietzsches ganzer Entwicklung, so ist er kein ursprüngliches ›Skandalon‹ und noch weniger eine ›Wiederentdeckung des ursprünglichen Christentums‹, sondern das Ende einer Kritik, die schon mit den *Unzeitgemäßen Betrachtungen* einsetzte.«[52]

Ecce homo – Wie man wird, was man ist

»Alles, was bisher ›Wahrheit‹ hieß, ist als die (...) unterirdischste Form der Lüge erkannt.«

Die Mitte Oktober 1888 in Turin begonnene und am 4. November dieses Jahres abgeschlossene Selbstbiographie Nietzsches *Ecce homo* – diese Biographie eines in »Eis und Hochgebirge« verbrachten philosophischen Lebens, seiner Atemnot, seiner einsamen Wanderungen »im Verbotenen« – ist zum einen der radikalisierte Ausdruck der bei Nietzsche gegebenen Durchdringung von Denken und Person, zum anderen der verzweifelte Versuch, die total gewordene Isolation eines Lebens zu durchbrechen und das die Existenz einschließende Schweigen der Welt aufzubrechen, um auf sich aufmerksam zu machen – »und sei es durch das Eingreifen der Zensur« (A. Baeumler). Gegenüber Peter Gast bezeichnet Nietzsche *Ecce homo* als »feuerspeiende Vorrede« zu der von ihm geplanten »Umwertung aller Werte«. Dieses Buch solle über ihn »Licht und Schrecken« verbreiten. Der Schrecken von Nietzsches »Sonnenvereinsamung im Licht« manifestiert sich in den späten Werken in jenem

Gestikulierenden, gleichsam Fuchtelnden eines Denkgestus, der im *Ecce homo* den sich schon auflösenden Schattenriß der eigenen Existenz in den Gegensatz »Dionysos gegen den Gekreuzigten« zu bannen versucht. Das Novum in der Geschichte der philosophischen Biographie, das der *Ecce homo* repräsentiert, ist die Verabsolutierung der Ich=Ich-Rede, die den traditionellen hermeneutischen Diskurs über das Subjekt verabschiedet.[53] So schreibt Nietzsche im Dezember 1888 an Carl Fuchs: »Alles erwogen, lieber Freund, hat es von jetzt ab keinen Sinn mehr, *über* mich zu reden und zu schreiben; ich habe die Frage, *wer ich bin*, mit der Schrift, an der wir drucken, Ecce homo, für die nächste Ewigkeit ad acta gelegt« (Briefe VIII, 553).

Am 14. April 1887 hatte Nietzsche aus Cannobbio am Lago Maggiore an Overbeck geschrieben: »Ich glaube, man hielte mich einfach für toll, wenn ich verlauten ließe, was ich von mir selber halte (...), daß mit mir eine Katastrophe sich vorbereitet, deren Namen ich weiß, aber nicht aussprechen werde« (Briefe VIII, 57 f).

Nietzsche hat dann aber doch den »Namen« der mit seinem eigenen Namen verbundenen Katastrophe – daß alles, was bisher »Gott« und »Wahrheit« hieß, Lüge ist – unter dem unaushaltbar wachsenden Druck einer ihn zerreißenden Erkenntnis zumindest codiert preisgegeben. Zuerst in der Rede des »tollen Menschen«, daß Gott tot sei, dann im Diskurs der Nihilismus-Analyse der späten achtziger Jahre und zuletzt im *Ecce homo*.

»Die *Entdeckung* der christlichen Moral ist ein Ereignis, das nicht seinesgleichen hat, eine wirkliche Katastrophe. (...) Der Blitz der Wahrheit traf gerade das, *was* bisher am höchsten stand: wer begreift, was da vernichtet wurde, mag zusehn, ob er überhaupt noch etwas in den Händen hat. Alles, was bisher ›Wahrheit‹ hieß, ist als die (...) unterirdischste Form der Lüge erkannt.« (VI, 373)

Von da her scheint es gerechtfertigt, wenn Alfred Baeumler in seinem Nachwort zum *Ecce homo* schreibt: »Entschließen wir uns, den Philosophen als den Menschen zu verstehen, der als einziger den Wendepunkt der abendländischen Geschichte miterlebt, dann verliert dieses merkwürdige Selbstbewußtsein jede Beziehung zu einem unbegreiflichen ›Größenwahn‹. Es wird zum paradoxalen Ausdruck der Existenz eines Zeugen, der etwas wahrnimmt, was andere nicht wahrnehmen können. Selbst die extremsten Äußerungen erhalten unter diesem Gesichtspunkt einen deutbaren Sinn.«[54]

»Wenn die Wahrheit mit der Lüge von Jahrtausenden in Kampf tritt, werden wir Erschütterungen haben, (...) Erdbeben, eine Versetzung von Berg und Tal, wie dergleichen nie geträumt worden ist. Der Begriff Politik ist dann gänzlich in einen Geisterkrieg aufgegangen, alle Machtgebilde der alten Gesellschaft sind in die Luft gesprengt – sie ruhen allesamt auf der Lüge: es wird Kriege geben, wie es noch keine auf Erden gegeben hat.« (VI, 366)

Diese Sätze aus dem *Ecce homo* kündigen in der Katastrophe, welche die innere Logik der geistigen Existenz Nietzsches ausmacht (»meine Wahrheit ist furchtbar«), die Tragödie des 20. Jahrhunderts an: die Totalität des Terrors in der Bewegung der Vernichtung. Von da her ist *Ecce homo* den »prophetischen Büchern« zuzurechnen.

winnt ihre genuine Einsicht in der schrecklichen Aufklärung, daß der Grund der Innenwelt des »Ich« ein Abgrund ist. »Hinter jeder Höhle« des Inneren liegt »noch eine viel tiefere Höhle«, »ein Abgrund hinter jedem Grunde, unter jeder Begründung«, schreibt Nietzsche im Neunten Hauptstück seines *Jenseits von Gut und Böse*.

Den analytischen Gehalt dieser Situation kennzeichnet als Ursprungsmetapher das »Labyrinth«. In seiner unüberschaubaren Weite scheitert Nietzsche, wenn sein kritisches Unterfangen einer »Arbeit der Tiefe« seinen »freien Geist« vor das Schreckbild des »Minotaurus« bringt, der ihn zerreißt.

Auf der fiktiven Substantialität des »Ich« beruht für Nietzsche auch »das Grundmodell der fiktionalen Seinsvorstellung« (E. Fink). Erscheinen auf der Bühne des menschlichen Bewußtseins Erfahrungsinhalte nur als Quidproquo einer grundsätzlich unerfahrbaren »Wirklichkeit«, so führt das Fehlen der Entsprechung von Ich und Welt, das sich im Zirkel von Täuschung und Getäuschtwerden zum lebenserhaltenden Betrug menschlichen In-der-Welt-Seins verschließt, zuletzt zum Widerruf der Selbstidentität des Denkens als Vorbedingung allen Wissens. Nietzsches Kritik richtet sich – Kants transzendentale Theorie vor Augen – gegen die angenommene strukturelle Konstanz des Erkenntnisvermögens. Die Diskontinuität des menschlichen Bewußtseins vermag die innere Kontinuität der Dinge niemals zu erfassen. Die »Ordnung« des Denkens erweist sich somit als eine vom Identitätsdenken des Subjekts produzierte »Unordnung«.

Die Dialektik von Wesen und Erscheinung, Sein und Werden, Vernunft und Unvernunft

Nietzsches Kritik an der »logischen Scheinbarkeit« der Vernunft führt bis zu der äußersten Grenze der Selbstauflösung rationalisierter Realität in den labyrinthischen Perspektivismus einer Fiktions- und Spiegelwelt, wenn infolge der Auflösung der »Mythologie« des Subjektbegriffs nur noch »Grade des Seienden«, »Stufen der Scheinbarkeit, hellere und dunklere Schatten des Scheins« übrigbleiben – nicht mehr »Wahrheiten«, sondern nurmehr »Deutungen« als diskontinuierliche »Horizontlinien der Erkenntnis«. Im *Nachlaß der achtziger Jahre* heißt es:

»Hat man begriffen, daß das ›Subjekt‹ nichts ist, was *wirkt*, sondern nur eine Fiktion, so folgt vielerlei. (...) Glauben wir nicht mehr an das *wirkende* Subjekt, so fällt auch der Glaube an *wirkende* Dinge, an Wechselwirkung, Ursache und Wirkung zwischen jenen Phänomenen, die wir Dinge nennen. (...) Es fällt endlich auch das ›*Ding an sich*‹: weil dies im Grunde die Konzeption eines ›Subjekts an sich‹ ist. (...) Der Gegensatz ›Ding an sich‹ und ›Erscheinung‹ ist unhaltbar, damit aber fällt auch der Begriff ›*Erscheinung*‹ dahin.« (XII, 383f)

In ontologischer Hinsicht entspricht diesem erkenntniskritischen Ergebnis der Vorrang des »Werdens« vor dem »Sein« – eines Werdens allerdings, das im Gegensatz zur statuarischen Metaphysik der von Nietzsche in Frage gestellten platonischen Tradition nicht als ein innerweltlicher Prozeß gedeutet wird, den unsere Erkenntnis abbilden könnte, sondern als ebenso unbegreifliche wie unerschöpfliche Werdestruktur von Sein jenseits des klassischen Gegensatzes von Ich und Welt.[56]

Nietzsches *Zerstörung der Seins-Metaphysik* und seine

aus ihr resultierende Lehre vom universalen Schein verabschiedet »drei die abendländische Tradition bestimmende Variationen der Metaphysik« (G. Abel): den platonistischen Begriffsrealismus, den dogmatischen Idealismus als Vorstellung eines transzendenten »Gegebenseins« geistiger Objekte sowie den am Modell des transzendentalen Selbstbewußtseins orientierten neuzeitlichen Subjektivismus. Die traditionelle Gegenüberstellung von Welt *und* Mensch löst sich auf, wenn »Welt« das »Gesamtspiel« der Willen-zur-Macht-Prozesse ist: Eine »Aneinanderfädelung« fortwährender Interpretations- und »Zeichenketten«. Ferner löst sich der Gegensatz von Sein *und* Schein auf, wenn es nur mehr »Stufen der Scheinbarkeit« gibt. Wichtig ist, zu sehen, inwiefern die Dialektik von Wesen und Erscheinung, die Nietzsche in der Grundthese »*Alles ist Schein*« auflöst, auf die *Geburt der Tragödie* zurückweist. Dort ist »Dionysos als Weltverwandlung« der »Grund« des Aufscheinens des Weltbestandes. Doch bleibt im halkyonischen Lächeln des Gottes die Zweideutigkeit des Rätsels unaufgelöst: Ist Dionysos selber Schein oder das Andere des Scheins?

Verkehrt für Nietzsche das Denken die Bewegung des Werdens, indem es sie in der Schematik begrifflicher Ordnungen stillzulegen versucht, so ist dieses Denken Ausdruck eines Unwirklichen, dessen Schein verhüllt, was auf dem scheinlosen Grunde des Lebens vor sich geht. Die destruktive Energie, mit der Nietzsche seine Kritik an der abendländischen Prinzipienmetaphysik betreibt, wird zum Vehikel seiner Intuition, die sich zu dem finsteren »Untergrunde« des okzidentalen Denkens vortastet. Der »unterirdische Ernst«, der seiner »Arbeit der Tiefe« die ihr eigentümliche, irritierende Heiterkeit verleiht, läuft auf eine universale Verdächtigung eines vollkommen um Erkenntnis bemühten Daseins, auch der eigenen Position, hinaus. Ihm wird eine »dionysische Weisheit« entgegengehalten, deren »Wahrheiten« blitzhafte Aufhellungen, aber keine objektivierbaren Erkenntnise sind. Die Zerstörung der abendländischen Denktradition wird für Nietzsche zugleich zur Chiffrierung eines Prozesses, der das in tradierten Denkformen und Wertnormen erstarrte Dasein in das Werden eines heraklitischen Weltspiels zurücknimmt.

»Gegen den Positivismus, welcher bei dem Phänomen stehen bleibt ›es gibt nur *Tatsachen*‹, würde ich sagen: nein, gerade Tatsachen gibt es nicht, nur *Interpretationen*. Wir können kein Faktum ›an sich‹ feststellen. (...) ›Es ist alles *subjektiv*‹ sagt ihr: aber schon das ist *Auslegung*. Das ›Subjekt‹ ist nichts Gegebenes, sondern etwas Hinzu-Erdichtetes (...) die Welt (...) hat keinen Sinn hinter sich, sondern unzählige Sinne. – ›Perspektivismus‹.« (XII, 315)

Nietzsches analytische Reduktion der Welt moralischer Wertungen

Nietzsches Moralkritik intendiert mittels einer hinterfragenden Symptomatologie die Aufdeckung der in aller überlieferten Begründung der Moral verborgenen Täuschung. Die blendenden »Prunkworte« der Moral werden in Nietzsches »Schule des Verdachts« entzaubert, sobald die ihnen zugrunde liegende »Zeichensprache der Affekte« lesbar wird. Mit Hilfe einer triebpsychologisch-soziologischen Analyse der Moralbegriffe, die in der französischen Aufklärung bereits Mandeville (1670-1733) und

Helvétius (1715-1771) eingeleitet hatten, erkundet Nietzsche die dunklen Seiten in der Prachtausgabe der Moral, die Spuren der Macht. Die gesellschaftlich vermittelten Regelsysteme der Moral sind für ihn durch die Institutionalisierung von Wertsystemen bestimmt, die wiederum auf der Triebstruktur jeweiliger Herrschaftsinteressen basieren.

»Die *moralische* Welt-Betrachtung. Die sozialen Rangordnungs-Gefühle werden ins Universum verlegt: die Unverrückbarkeit, das Gesetz, die Einordnung und Gleichordnung werden, weil am höchsten geschätzt, auch an der höchsten Stelle *gesucht,* über dem All, oder hinter dem All.« (XII, 257)

Der von den jeweiligen moralischen Symbolsystemen prätendierte universale wie überzeitliche Geltungsanspruch menschlicher Wertschätzungen verschleiert, daß es keine Sphäre einer »wahren« Welt moralischer Ideen gibt – in der Terminologie Nietzsches: daß es keine moralischen Phänomene »an sich« gibt – sondern immer nur jeweilige »Symptome« einer bestimmten Artung »des als Wille zur Macht sich selbst auslegenden Lebens« (H. Fahrenbach).

»Mein Hauptsatz: es gibt keine moralischen Phänomene, sondern nur eine moralische Interpretation dieser Phänomene. Diese Interpretation selbst ist außermoralischen Ursprungs.« (XII, 149)

Der Bewährung dieses »Hauptsatzes« von Nietzsches Moralkritik dienen drei methodische Aspekte:

1. die psychologische bzw. physiologische Reduktion der »moralischen« Phänomene,
2. ihre historisch-genealogische Relativierung und
3. die »Einordnung« der Moral in die »Perspektiven-Optik« des Lebens.

In der moralkritischen Reflexion, wie sie Nietzsches Denken unablässig betreibt, wird der falsche Schein der Ewigkeit und Autonomie moralischer Ge- und Verbote destruiert. Freigelegt wird der ihm zugrunde liegende Lebenszusammenhang aus Gewalt und Versagung, dessen »Ausdruck« das Syndrom der Moral ist. All unser Denken und Wertschätzen ist nur der maskierte »Ausdruck für dahinter waltende Begehrungen«: »Hinter dem Bewußtsein arbeiten Triebe« (XI, 621).

Das heißt: in der von Nietzsche betriebenen Archäologie des Lebens wird alles, was sich als »schön«, »wahr«, »gut« und »gerecht« ausgibt, durch den Verdacht untergraben, daß seine Herkunft »*außermoralischen*«, Ursprungs sei. Demnach müssen alle moralischen Urteile und Ideale auf jene »Verschiebungen« und »Umdrehungen« wie auch auf jene »Zwangsmittel« hin untersucht werden, die zu ihrer Genesis wie auch zu ihrer Geltung geführt haben, zu jenem »heuchlerischen Anschein, mit dem alle bürgerlichen Ordnungen übertüncht sind, wie als ob sie Ausgeburten der Moralität wären – z. B. die Ehe, die Arbeit, der Beruf, das Vaterland, die Familie, die Ordnung, das Recht« (XII, 505).

Es ist Nietzsches zentrale Einsicht in bezug auf das »Fälschungssystem« der Moral und die »Zwangsschule des moralischen Irrtums«, daß Moral, die sich gegen amoralische Natur setzt, das von ihr verdrängte amoralische Naturgrauen noch in ihren sublimsten Formen reproduziert, vornehmlich im Dressurakt menschlicher Sozialisation:

> »Die Moral ist eine Menagerie, ihre Voraussetzung, daß eiserne Stäbe nützlicher sein können als Freiheit, selbst für den Eingefangenen; die anderen Voraussetzungen, daß es Tierbändiger gibt, die sich vor furchtbaren Mitteln nicht fürchten, – die glühende Eisen zu handhaben wissen.« (XIII, 453)

Moral als »tierhaftes« Phänomen zeigt die »ökonomischen Formen des Tierreichs« (F. Engels) als jene atavistischen Muster, deren repressive Funktion Nietzsche an der organisierten »gesellschaftlichen Moral« nachzuweisen versucht. In diesem Zusammenhang erweisen sich Verdrängung und Sublimierung als die beiden konstitutiven Faktoren der Genese von Moral.

Für das Verständnis der Moralkritik Nietzsches ist es wichtig zu sehen, inwiefern sich diese Kritik mit seinen erkenntnis- und sprachkritischen, aber auch biogenetischen Reflexionen verschränkt. Moral, das ist für Nietzsche nicht nur ein Regelsystem ethischer Verhaltensweisen, sondern auch ein Erklärungsmodell, dessen Funktion für ihn darin besteht, der latenten Bedrohung durch den Anspruch innerer wie äußerer fremder »Realität« zu begegnen. Durch Rückführung von Unbekanntem auf Bekanntes wird die »innere Welt (...) voller Trugbilder und Irrlichter« in Erklärungsmuster der nach den Regeln des sozialen Verkehrs gebildeten moralischen Hypothesen gebannt. Aus der »Zeit der rudimentären Formen«, wie sie das »grobe Fetischwesen« animistischer Denkweisen repräsentiert, stammen die Zentralbegriffe »Subjekt«, »Ding-Welt«, »Kausalität«. Die »Tatsachen« des moralischen Bewußtseins stellen daher für Nietzsche »Posthoc«-Erklärungen zu den meist unbewußt »unangenehmen Allgemeingefühlen« dar, zu »Unlustreizen«, denen durch Sublimierung im Abwehrvorgang etwas von ihrer »Peinlichkeit« genommen wird.

Der Aufweis der Konditionierung des Denkens durch eine phylogenetisch orientierte Betrachtung verbindet eine Rückübersetzung moralischer Grundfiktionen mit einem »Phänomenalismus und Perspektivismus«, der als die »extremste Form des Nihilismus« weiß, daß »alle Voraussetzungen der bestehenden ›Ordnung‹ widerlegt« sind:

»Der Nihilismus erscheint jetzt, *nicht* weil die Unlust am Dasein größer wäre als früher, sondern weil man überhaupt gegen einen ›Sinn‹ im Übel, ja im Dasein mißtrauisch geworden ist. *Eine* Interpretation ging zu Grunde; weil sie aber als *die* Interpretation galt, erscheint es, als ob es gar keinen Sinn im Dasein gebe, als ob alles *umsonst* sei.« (XII, 212)

Nietzsche ist jedoch keineswegs der zügellose Immoralist, als den ihn die »Nietzsche-Legende« stilisiert. Vielmehr ist er gerade in seiner Kritik aller herkömmlichen Moral immer noch einer der strengsten Moralisten, insofern seine Analysen die Scheinhaftigkeit der Moral und ihre objektive Funktion im gesellschaftlichen Leben erweisen: »Die ›felsenfesten Überzeugungen‹ gehören fast immer ins Irrenhaus« (XIII, 345).

Nietzsches Sinnverständnis seiner Moralkritik ist es, daß die *Kritik der Moralität* selbst eine »hohe Stufe« der Moralität ist, insofern sie aus ihrem Willen zur Wahrhaftigkeit heraus die dem Leben feindliche Unbedingtheit des moralischen Sollens verwirft. So soll der moralische Wille durch die ›immanente‹ »Steigerungsbewegung des Lebens« (H. Fahrenbach) als der stets sich selbst überwindenden Bewegung des Über-sich-hinaus-Schaffens des Willens zur Macht wirksam werden. So gesehen, entspricht Nietzsches Moralkritik dem Ausbruch des Menschen aus dem destruktiven Zwang des »Du sollst« in die Freiheit des »Ich will«. Sie begründet ein versuchendes Denken, das – in der »Umwertung aller Werte« auf die umgreifende Struktur des Lebens – den »Willen zur Macht« als den Ursprung *aller* moralischen Setzungen begreift.

Der europäische Nihilismus – ein langer Schatten des toten Gottes

»Stürzen wir nicht fortwährend?«

Nietzsches Rede vom »Tod« Gottes

Zu Beginn des im Herbst 1886 in der Nähe von Genua entstandenen Fünften und letzten Buches seiner *Fröhlichen Wissenschaft* sieht Nietzsche, knapp zwei Jahre vor seinem geistigen Zusammenbruch in Turin, »das größte neuere Ereigniss, – dass ›Gott tot ist‹«, im Kontext einer »ungeheuren Logik von Schrecken«, durch die der Prozeß einer für ihn schon zur Gegenwart gewordenen zukünftigen Geschichte bestimmt ist (III, 573). Das Wort »Gott ist tot«[57] hat Nietzsche zum ersten Mal 1882 im Dritten Buch der *Fröhlichen Wissenschaft* dem »tollen Menschen« in den Mund gelegt, in einer Rede, deren schreckbildhafte Kraft sie zum zentralen Text des neuzeitlichen Atheismus werden läßt:

»*Der tolle Mensch.* – Habt ihr nicht von jenem tollen Menschen gehört, der am hellen Vormittage eine Laterne anzündete, auf den Markt lief und unaufhörlich schrie: ›Ich suche Gott! Ich suche Gott!‹ – Da dort gerade viele von denen zusammen standen, welche nicht an Gott glaubten, so erregte er ein großes Gelächter. Ist er denn verlorengegangen? sagte der eine. Hat er sich verlaufen wie ein Kind? sagte der andere. Oder hält er sich versteckt? Fürchtet er sich vor uns? Ist er zu Schiff gegangen? ausgewandert? – so schrieen und lachten sie durcheinander. Der tolle Mensch sprang mitten unter sie und durchbohrte sie mit seinen Blicken. ›Wohin ist Gott?‹ rief er, ›ich will es euch sagen! *Wir haben ihn getötet,* – ihr und ich! Wir alle sind seine Mörder! Aber wie haben wir dies gemacht? Wie vermochten wir das Meer auszutrinken? Wer gab uns den Schwamm, um den ganzen Horizont wegzuwischen? Was taten wir, als wir diese Erde von ihrer Sonne losketteten? Wohin bewegt sie sich nun? Wohin bewegen wir uns? Fort von allen Sonnen? Stürzen wir nicht fortwährend? Und rückwärts, seitwärts, vorwärts, nach allen Seiten? Gibt es noch ein Oben und ein Unten? Irren wir nicht wie durch ein unendliches Nichts? Haucht uns nicht der leere Raum an? Ist es nicht kälter geworden? Kommt nicht immerfort die Nacht und mehr Nacht? Müssen nicht Laternen am Vormittage angezündet werden? Hören wir noch nichts von dem Lärm der Totengräber, welche Gott begraben? Riechen wir noch nichts von der göttlichen Verwesung? – auch Götter verwesen! Gott ist tot! Gott bleibt tot! Und wir haben ihn getötet! Wie trösten wir uns, die Mörder aller Mörder? Das Heiligste und Mächtigste, was die Welt bisher besaß, es ist unter unseren Messern verblutet, – wer wischt dies Blut von uns ab? Mit welchem Wasser könnten wir uns reinigen? Welche Sühnfeiern, welche heiligen Spiele werden wir erfinden müssen? Ist nicht die Größe dieser Tat zu groß für uns? Müssen wir nicht selber zu Göttern werden, um nur ihrer würdig zu erscheinen? Es gab nie eine größere Tat, – und wer nur immer nach uns geboren wird, gehört um dieser Tat willen in eine höhere Geschichte, als alle Geschichte bisher war!‹ – Hier schwieg der tolle Mensch und sah wieder seine Zuhörer an: auch sie schwiegen und blickten befremdet auf ihn. Endlich warf er seine Laterne auf den Boden, daß sie in Stücke sprang und erlosch. ›Ich komme zu früh‹, sagte er dann, ›ich bin noch nicht an der Zeit. Dies ungeheure Ereignis ist noch unterwegs und wandert, – es ist noch nicht bis zu den Ohren der Menschen gedrungen. Blitz und Donner brauchen Zeit, das Licht der Gestirne braucht Zeit, Taten brauchen Zeit, auch nachdem sie getan sind, um gesehen und gehört zu werden. Diese Tat ist ihnen immer noch ferner, als die fernsten Gestirne, – *und doch haben sie dieselbe getan!*‹ – Man erzählt noch, daß der tolle Mensch desselbigen Tages in verschiedene Kirchen eingedrungen sei und darin sein *Requiem aeternam deo* angestimmt habe. Hinausgeführt und zur Rede gesetzt, habe er immer nur dies entgegnet: ›Was sind denn diese Kirchen noch, wenn sie nicht die Grüfte und Grabmäler Gottes sind?‹ (III, 480 ff)

Der an dieser Stelle zitierte Text des 125. Aphorismus des Dritten Buches der *Fröhlichen Wissenschaft* ist nicht nur der zentrale Text des Atheismus, sondern auch der zentrale geschichtsphilosophische Text unseres Jahrhunderts, insofern es bei der »Verkündigung« des Todes Gottes durch den »tollen Menschen« (Nietzsche) nicht primär um die philosophische Frage geht, »ob eine Theorie über einen Gott genannten absoluten Gegenstand möglich ist oder nicht« (G. Rohrmoser), sondern um den »Inbegriff der Furchtbarkeit« (P. Köster): die Tat der Tötung Gottes.

In seiner Interpretation von Nietzsches Wort »Gott ist tot« schreibt Martin Heidegger: »Was vormals in der Weise von Ziel und Maß das Menschenwesen bedingte und bestimmte, hat seine unbedingte und unmittelbare und vor allem überallhin unfehlbar wirksame Wirkungsmacht eingebüßt. Jene übersinnliche Welt der Ziele und Maße erweckt und trägt das Leben nicht mehr. (...) Der übersinnliche Grund der übersinnlichen Welt ist, als die wirksame Wirklichkeit alles Wirklichen gedacht, unwirklich geworden. Das ist der metaphysische Sinn des metaphysisch gedachten Wortes ›Gott ist tot‹.«[58]

Die von Nietzsche dem gottheitlichen Wesen zugeordneten metaphorischen Bestimmungen sind: das *Meer*, der *Horizont* und die *Sonne*. »Mit dem Bild der Sonne geht Nietzsche auf das Sonnengleichnis in der Platonischen Philosophie zurück. Hier steht die Sonne für die Idee des Guten. Die Sonne oder die Idee des Guten ist der Grund, von dem her alles Seiende sein Sein hat, im Sein gehalten wird und von dem her es erkannt wird. Wenn Nietzsche und wir alle heute (...) davon ausgehen, daß es diesen

Gott nicht mehr gibt, dann bedeutet das: es gibt kein Sein, und es gibt keine Wahrheit. Dann haben Sein und Wahrheit keinen Grund, und es gibt daher keinen Grund für eine mögliche Einheit von Wahrheit und Sein. Sein ist dann nicht wahr, und die Wahrheit ist dann nicht. Nietzsche hat in seinem Denken nichts anderes zu denken versucht, als das, was gedacht werden muß, wenn es Gott als den Grund von Wahrheit und Sein nicht mehr geben soll.

Was bedeutet nun das Bild des Horizontes? Auch das können wir uns am besten verdeutlichen mit Hilfe der Platonischen Kategorie von ›Peras‹, also dem, was Platon unter Grenze versteht. Das Prinzip, auf dessen Grund der Mensch sich selbst und seine Welt als Gestalt apperzipieren konnte, (...) das kann (...) es nicht mehr geben, wenn es den Horizont, der alles Seiende in seinem ihm eigenen Umriß einschließt und von allem anderen Seienden zugleich abgrenzt, nicht mehr gibt. Und schließlich wie das Meer unendlich, unausschöpfbar ist, so ist das unter der Metapher des Meeres gedachte Sein Gottes unerschöpflich.«[59]

Fassen wir zusammen:

– Das *Austrinken des Meeres* bedeutet, die furchtbare und schweigende Unendlichkeit Gottes in die Endlichkeit des menschlichen Daseins hineinzunehmen. Im Austrinken verneint der Mensch das Meer, insofern es den zu tötenden Gott symbolisiert.
– Das *Wegwischen des Horizonts* bedeutet die Verneinung aller durch Begrenzung ermöglichten Bedingungen des Lebendigen.
– Das *Losketten der Erde von ihrer Sonne* bedeutet den Entzug des Inbegriffs aller Lebensbedingungen und den Sturz in immer kältere und tiefere Finsternisse.

Die durch den »Tod« Gottes bestimmte geschichtliche Tendenz der menschlichen Existenz wird von Nietzsche als rein negative Transzendenz unter das Bild des Sturzes gestellt:

»Stürzen wir nicht fortwährend? Und rückwärts, seitwärts, vorwärts, nach allen Seiten? Gibt es noch ein Oben und ein Unten? Irren wir nicht wie durch ein unendliches Nichts? Haucht uns nicht der leere Raum an? Ist es nicht kälter geworden? Kommt nicht immerfort die Nacht und mehr Nacht?« (III, 481)

Dem »Tod« Gottes als Selbstauflösung der Einheit von Wahrheit und Sein korrespondiert als Bildelement die Zerstörung des Lichtes[60]: »Endlich warf er seine Laterne auf den Boden, daß sie in Stücke sprang und erlosch«. Im Bild der erloschenen Laterne symbolisiert sich der Stand des Menschen in der Nacht der Gottesfinsternis.[61] Zugleich verweist das Bild der zersprungenen Laterne auf den Wahnsinn und das Irre als die einzig noch legitime Behausung des Geistes.

Ist der Tod Gottes als Ursprung des Nihilismus einerseits die das Dasein verdüsternde Belastung, so ist er aber andererseits zugleich auch die große befreiende Entlastung des Daseins, die eine neue, unbekannte Heiterkeit verheißt:

»Das größte neuere Ereignis – daß ›Gott tot ist‹ (...) – beginnt bereits seine ersten Schatten über Europa zu werfen. Für die wenigen wenigstens, deren Augen, deren *Argwohn* in den Augen stark und fein genug für dies Schauspiel ist, scheint eben irgend eine Sonne untergegangen (...): ihnen muß unsre alte Welt täglich abendlicher, mißtrauischer, fremder, ›älter‹ scheinen. In der Hauptsache aber darf man sagen: das Ereignis selber ist viel zu groß, zu fern, zu abseits vom Fassungsvermögen vieler, als daß auch nur seine Kunde schon *angelangt* heißen dürfte; geschweige denn, daß viele bereits wüßten, *was* eigentlich sich damit begeben hat – und was alles, nachdem dieser Glaube untergraben ist, nunmehr einfallen muß, weil es auf ihm gebaut, an ihn gelehnt, in ihn hineingewachsen war: zum Beispiel unsre ganze europäische Moral. Diese lange Fülle und Folge von Abbruch, Zerstörung, Untergang, Umsturz, die nun bevorsteht: wer erriete heute schon genug davon, um den Lehrer und Vorausverkünder dieser ungeheuren Logik von Schrecken abgeben zu müssen, den Propheten einer Verdüsterung und Sonnenfinsternis, derengleichen es wahrscheinlich noch nicht auf Erden gegeben hat? ... Selbst wir geborenen Rätselrater, die wir gleichsam auf den Bergen warten, zwischen Heute und Morgen hingestellt (...), wir Erstlinge und Frühgeburten des kommenden Jahrhunderts, denen eigentlich die Schatten, welche Europa alsbald einwickeln müssen, jetzt schon zu Gesicht gekommen sein *sollten*: woran liegt es doch, daß selbst wir ohne rechte Teilnahme für diese Verdüsterung, vor allem ohne Sorge und Furcht für *uns*, ihrem Heraufkommen entgegensehen? (...) In der Tat, wir Philosophen und ›freien Geister‹ fühlen uns bei der Nachricht, daß der ›alte Gott tot‹ ist, wie von einer neuen Morgenröte angestrahlt; unser Herz strömt dabei über von Dankbarkeit, Erstaunen, Ahnung, Erwartung, – endlich erscheint uns der Horizont wieder frei, gesetzt selbst, daß er nicht hell ist, endlich dürfen unsre Schiffe wieder auslaufen, auf jede Gefahr hin auslaufen, jedes Wagnis des Erkennenden ist wieder erlaubt, das Meer, *unser* Meer liegt wieder offen da, vielleicht gab es noch niemals ein so ›offnes Meer‹.« (III,573f)

Nietzsches Nihilismus-Analyse

Genealogie wie Phänomenologie der aus dem Tod Gottes und dem Zusammenbruch aller bisherigen Interpretationen moralischer Werte erwachsenden »Logik des Schreckens« besitzen ihren Grund im Begriff des Nihilismus, dessen Selbstreflexion für Nietzsche »die zu Ende gedachte Logik unserer großen Werte und Ideale« ist.

Antizipation terroristischer Praxis beschreibt Nietzsche diesen »Nihilismus« als die Verbindung von Faschismus und Ästhetik:

»Das *Zugrunde-gehen* präsentiert sich als ein *Sich-zu-grunde-richten,* als ein instinktives Auslesen dessen, was *zerstören muß. Symptome* dieser Selbstzerstörung der Schlechtweggekommenen: die Selbstvivisektion, die Vergiftung, Berauschung, Romantik, vor allem die instinktive Nötigung zu Handlungen, mit denen man die Mächtigen zu *Todfeinden* macht (— gleichsam sich seine Henker selbst züchtend), der *Wille zur Zerstörung* als Wille eines noch tieferen Instinkts, des Instinkts der Selbstzerstörung, des *Willens ins Nichts.*
Nihilismus, als Symptom davon, daß die Schlechtweggekommenen keinen Trost mehr haben: daß sie zerstören, um zerstört zu werden, daß sie, von der Moral abgelöst, keinen Grund mehr haben, ›sich zu ergeben‹ — daß sie sich auf den Boden des entgegengesetzten Prinzips stellen und auch ihrerseits *Macht wollen,* indem sie die Mächtigen *zwingen,* ihre Henker zu sein. Dies ist die europäische Form des Buddhismus, das *Nein-tun,* nachdem alles Dasein seinen ›Sinn‹ verloren hat.« (XII, 215 f)

Nur die Stärksten dieser nihilistischen Krise, die Reichsten an »Gesundheit«, werden schließlich die Mächtigsten sein, das heißt diejenigen, welche keine »extremen Glaubenssätze« nötig haben, die großen Artisten des Absurden, die »Clowns«[62]:

»Welche werden sich als die *Stärksten* (...) erweisen? Die Mäßigsten, die, welche keine extremen Glaubenssätze *nötig* haben, die, welche einen guten Teil Zufall, Unsinn nicht nur zugestehn, sondern lieben, die, welche vom Menschen mit einer bedeutenden Ermäßigung seines Wertes denken können, ohne dadurch klein und schwach zu werden: die Reichsten an Gesundheit, die den meisten Malheurs gewachsen sind und deshalb sich vor den Malheurs nicht so fürchten — Menschen, die *ihrer Macht sicher sind,* und die die *erreichte* Kraft des Menschen mit bewußtem Stolze repräsentieren.« (XII, 217)

Das Fragment schließt mit einem Fragezeichen ab: »Wie dächte ein solcher Mensch an die ewige Wiederkunft? –«.

Der Wegfall jeglicher positiver Erfahrung, wie Philosophie als Metaphysik sie im und durch einen rationalen Gottesbegriff abzusichern glaubte – eine Absicherung, die zuletzt noch Hegel unter identitätsphilosophischen Voraussetzungen zu retten versuchte –, vollzieht sich in letzter Konsequenz erst bei Nietzsche und der durch ihn geleisteten Reflexion des Nihilismus:

»Der ganze *Idealismus* (...) ist im Begriff, in *Nihilismus* umzuschlagen – in den Glauben an die absolute *Wert*losigkeit, d.h. *Sinn*losigkeit.« (XII, 313)

Das Verlassensein von der »Wahrheit« zeigt den »Text« der Realität als verrätselte Allegorie: das endlose Spiel von Bedeutungsüberlagerungen im Spiegelkabinett des Perspektivismus. In dieser Einsicht wird die radikale Erkenntnis- und Wahrheitskritik Nietzsches zur Grundlage der modernen Ästhetik.

Der in Nietzsches Denken universal gewordene Sinnlosigkeitsverdacht, der zuletzt noch den Rückschlag von »Gott ist die Wahrheit« in »Alles ist falsch« erzwingt, zeigt den Nihilismus als die unausgesprochene Voraussetzung einer Metaphysik, die sich ihres nihilistischen Grundzuges erst bewußt wird, wenn sie aufgrund ihrer in der *Genealogie der Moral* erfolgten Selbstaufklärung über das ihr zugrunde liegende Erkenntnisinteresse sich gezwungen sieht, alle Sinngebung des Sinnlosen zu verabschieden und sich »die Lüge im Glauben an Gott« zu verbieten. Die Prozeßlogik des Nihilismus erzwingt die Wahrheit über die »Wahrheit« der Metaphysik. In der Rückübersetzung der Metaphysik in ihre eigene Geschichtlichkeit liegt die eigentlich philologische Leistung von Nietzsches Genealogie. Nach dem Abbau des auf der transzendentalen Grammatik der Sprache errichteten Kategoriengerüstes – Zweck, Einheit, Sein – verschwindet Metaphysik als eine die Deutung des Daseins primär bestimmende Macht. Als Artefakt gleicht sie jedoch noch immer dem betörenden Gesang der Sirenen, dessen Polyphonie das tödliche »Schweigen« der Welt übertönt.

In bezug auf die Aufhebung der Metaphysik von Aristoteles bis Hegel notiert Nietzsche:

»– Was ist im Grunde geschehen? Das Gefühl der *Wertlosigkeit* wurde erzielt, als man begriff, daß weder mit dem Begriff ›*Zweck*‹, noch mit dem Begriff ›*Einheit*‹, noch mit dem Begriff ›*Wahrheit*‹ der Gesamtcharakter des Daseins interpretiert werden darf. (...) Kurz: die Kategorien ›Zweck‹, ›Einheit‹, ›Sein‹, mit denen wir der Welt einen Wert eingelegt haben, werden wieder von uns *herausgezogen* – und nun sieht die Welt *wertlos* aus ... (...) – Resultat: Der *Glaube an die Vernunft-Kategorien* ist die Ursache des Nihilismus, – wir haben den Wert der Welt an Kategorien gemessen, *welche sich auf eine rein fingierte Welt beziehen.*« (XIII, 48f)

Die Befreiung der inneren Natur des Menschen vom Diktat moralischer Ordnungen erweist sich zunächst als die »Leerstelle« einer Transzendenz, die der Mensch selber werden muß, nachdem Gott »tot« ist. Dies ist für Nietzsche die erdrückende Hypothek, welche auf der zukünftigen Geschichte der Selbstbestimmung des Menschen lastet. Eingelöst könnte diese Hypothek nur dann werden, wenn es gelänge, den »Geist der Rache« zu einer übermenschlichen »göttlichen Leichtigkeit im Schwersten« zu verwandeln – eine Verwandlung, die Nietzsches spätes Denken durch die entscheidende Sinnperspektive der *Kunst* ermöglicht, welche »die Welt als die Abfolge göttlicher Visionen und Erlösungen im Scheine« feiert. Das Kriterium, an welchem sich die Möglichkeit, selber Gott zu werden, entscheidet, ist aber zunächst die noch uneingelöste Idee des »Übermenschen«. Hinterläßt nach erfolgter Destruktion des »asketischen Ideals« die Naturgeschichte des Leidens das Dasein als »Wunde«, so dient die von Nietzsche experimentell entworfene »Umwertung aller Werte« der Idee einer menschlichen Existenz, die sich ihrer Sinnautarkie bewußt geworden ist, im Zeichen einer zu sich selber erlösten Welt. Die von Nietzsche erzählte Geschichte des Nihilismus ist somit die notwendige Bedingung der revolutionären Intention seines Denkens:

»Was ich erzähle, ist die Geschichte der nächsten zwei Jahrhunderte. Ich beschreibe, was kommt, was nicht mehr anders kommen kann: *die Heraufkunft des Nihilismus.* (...) Unsre ganze europäische Kultur bewegt sich seit langem schon mit einer Tortur der Spannung, die von Jahrzehnt zu Jahrzehnt wächst, wie auf eine Katastrophe los: unruhig, gewaltsam, überstürzt: einem Strom ähnlich, der ans *Ende* will (...)« (XIII,189)

Nietzsches Analyse des Nihilismus bringt die Dialektik der Aufklärung zum Ausdruck, der gemäß die über sich selbst aufgeklärte Vernunft ihre rational begründete Autonomie als eine Illusion zu erkennen vermag. Die Einsicht in den katastrophalen Charakter aller bisherigen Geschichte widerspricht der noch Marx leitenden Hoffnung, mit dem Austritt des Menschen aus der ihn versklavenden Vorgeschichte sei der Eintritt in eine von keinem »Nichts« mehr umstellte Realität angebrochen. Es ist die analytische Dignität des Nietzscheschen Denkens, sich dieser Hoffnung zu versagen und das Walten der Vorgeschichte in aller vergangenen, gegenwärtigen und in die Zukunft wirkenden Geschichte zu sehen. Nach Nietzsche folgt die Dialektik der Selbsterhaltung einer ihr eingezeichneten »Logik des Schreckens«, deren selbstzerstörerische Tendenzen im »letzten Willen«, im »Willen zum Nichts«, münden.

»Was zu fürchten ist, was verhängnisvoll wirkt wie kein anderes Verhängnis, das wäre nicht die große Furcht, sondern der große *Ekel* vor dem Menschen; insgleichen das große *Mitleid* mit dem Menschen. Gesetzt, daß diese beiden eines Tages sich begatteten, so würde unvermeidlich sofort etwas vom Unheimlichsten zur Welt kommen, der ›letzte Wille‹ des Menschen, sein Wille zum Nichts, der Nihilismus.« (V, 368)

Gegen diesen »Willen zum Nichts« setzt Nietzsche sein Wollen der Ewigen Wiederkehr des Seins der Welt jenseits von Gut und Böse als ein Ja-Sagender und Segnender allen Werdens.

Ein Jahr vor Ausbruch seines Wahnsinns skizziert Nietzsche in der *Götzen-Dämmerung* die Verfallsgeschichte der Metaphysik als »Geschichte eines Irrtums«:

»Die wahre Welt haben wir abgeschafft: welche Welt blieb übrig? die scheinbare vielleicht? Aber nein! *mit der wahren Welt haben wir auch die scheinbare abgeschafft!* (Mittag; Augenblick des kürzesten Schattens; Ende des längsten Irrtums; Höhepunkt der Menschheit; INCIPIT ZARATHUSTRA.)« (VI, 81)

Die Abschaffung von wahrer und scheinbarer Welt, in welcher die Logik des Nihilismus radikal zu Ende gedacht ist, läßt aber Zarathustra selber noch zur Fabel werden, reißt den Mittag in die Nacht, verwandelt den kürzesten Schatten in den längsten[63]. Ist der Mythos von der »wahren« Welt nur so lange wahr, als sein Erzähltwerden fortdauert, so ist mit der zu Ende gegangenen Erzählung auch die »Wirklichkeit« der Identität des Erzählers vergangen.

Nachdem Nietzsche die Erkenntnis zuletzt noch vor ihr furchtbarstes Bild – das des »toten Gottes« – gestellt hat, verschwindet sie im ewig aufbauenden, ewig zerstörenden Spiel des Werdens. INCIPIT ZARATHUSTRA kündigt das Ende einer »Hermeneutik des Sinns« an, wenn es ein sinnstiftendes Subjekt als epistemologische Voraussetzung eines jeden Aktes der Sinnkonstitutierung nicht mehr gibt. Die Aufhebung der metaphysisch bestimmten Kategorie des Sinns läßt im Willen-zur-Macht-Spiel die »Sprache« der Welt durch keine substantielle Bedeutung, wie sie sich aus der Logik der Subjekt-Prädikat-Beziehung ergibt, mehr artikuliert sein. Dementsprechend ist die dionysische Sprache der ewigen Wiederkehr in den labyrinthischen Gehörgängen von Zarathustras kleinen Ohrmuscheln keine bedeutungsartikulierte Rede, sondern die akustische Halluzination von »weißem Rauschen«. Am Anfang des Wiederkunftgedankens steht eine *figura etymologica*: »Wir *lehren die Lehre*« (IX, 494) – die Homophonie von »Lehre« und »Leere«, wie *Wolfram Groddeck* in seinem herausragenden Beitrag »›Oh Himmel über mir‹. Zur kosmischen Wendung in Nietzsches Poetologie« (Nietzsche-Studien 18, 1989, S. 490-508) gezeigt hat.

Nietzsches Versuch einer Überwindung des Nihilismus im Entwurf einer tragischen Ästhetik

Seit seiner dem »ungeheuren Phänomen« des Dionysischen gewidmeten *Geburt der Tragödie* ist es das Eigenste des Nietzscheschen Denkens, daß das Dasein der Welt nur als ästhetisches Phänomen gerechtfertigt ist. Dies verweist auf eine *ästhetische Metaphysik* (»die Welt als die Abfolge göttlicher Visionen und Erlösungen im Scheine«, XII,115). Im *Nachlaß der achtziger Jahre* wird dann immer stärker in der Richtung einer Philosophie der ästhetischen Sinn- und Welterkenntnis der ästhetische Grundzug von Nietzsches Experimental-Philosophie zum Programm für eine mögliche Überwindung des Nihilismus erhoben:

»Die Kunst und nichts als die Kunst! Sie ist die große Ermöglicherin des Lebens, die große Verführerin zum Leben, das große Stimulans des Lebens. (...) Man sieht, daß in diesem Buche (gemeint ist die *Geburt der Tragödie* – W. R.) der Pessimismus, sagen wir deutlicher der Nihilismus, als die ›Wahrheit‹ gilt. Aber die Wahrheit gilt nicht als oberstes Wertmaß, noch weniger als oberste Macht. Der Wille zum Schein, zur Illusion, zur Täuschung, zum Werden und Wechseln (zur objektivierten Täuschung) gilt hier als tiefer, ursprünglicher, ›metaphysischer‹ als der Wille zur Wahrheit (...) Dies Buch ist dergestalt sogar antipessimistisch: nämlich in dem Sinne, daß es etwas lehrt, das stärker ist als der Pessimismus, das ›göttlicher‹ ist als die Wahrheit (...) – daß die Kunst *mehr wert* ist, als die Wahrheit.« (XIII, 521 f)

Im Dionysos-Dithyrambus *Ruhm und Ewigkeit* schreibt Nietzsche:

»Ich sehe hinauf –
dort rollen Lichtmeere:
– oh Nacht, oh Schweigen, oh todtenstiller Lärm!...

Ich sehe ein Zeichen –,
aus fernsten Fernen
sinkt langsam funkelnd ein Sternbild gegen mich...« (VI, 404)

In der Verbindung von neuzeitlich astronomischem Wissen und mythologischen Konnotationen »der ältesten Lektüren der Sternbilder« (W. Groddeck) verdichtet Nietzsche das Sternbild eines griechischen Heroen zum reinen »Zeichen«: Herkules, der als Säugling die Milchstraße verursacht hat und der als Held die Last des Himmels zu tragen vermag, repräsentiert als »Zeichen« »den kosmischen Tropus im Dithyrambus, die Bejahung der Wiederkunft durch die Imagination des Übermenschen im Schweigen des Kosmos« (W. Groddeck). Die hermeneutischen Aporien, die sich aus der Polysemie des Textes der Welt ergeben, scheinen in der Ästhetik – »*ein* Zeichen« – des Dionysos-Dithyrambus »aufgehoben« zu sein. Jedoch erweist sich diese Ästhetik als eigentümlich »leer«, als ein reines dichterisches Sprechen, »das nur noch sich selbst zum Inhalt hat« (W. Groddeck).

Nietzsches antimetaphysische Kritik am Mythos traditioneller Substanzmetaphysik verschwindet auf dem »unterirdischen Zugang« (G. Colli) zu den Griechen zuletzt noch in einer neuen, im Namen des »in Stücke geschnittenen Dionysos« kodifizierten ästhetischen Metaphysik ewiger, aus seiner Zerrissenheit sich wiedergewinnenden Lebendigkeit: als Sprachfigur im Text des »Willens zur Macht« zielt sie auf eine »höchste Weisheit« (G. Colli), die als literarisch mitgeteilte zugleich verlöschen muß. *Dionysos* als ästhetische Chiffre für das Integral aller perspektivischen Linien des Lebens ist Kodifizierung des Verschwindens: des Verschwindens der Philosophie als Wort und Schrift, darüber hinaus des Verschwindens der trügerischen Täuschung des Prinzips der Individuation. Er ist die absolute, nicht mehr transzendierbare Grenze, an der das seiner zufällig menschlich individuierten Lebensgestalt lediggewordene Lebenspartikel in der Metamorphose eines immer proteushaft in sich flutenden Wellenspiels der

Welt – (»Und wißt ihr auch, was mir ›die Welt‹ ist?«) – sich der durchsichtig-flüssigen Formlosigkeit seines Ursprungselementes zurückgibt, sich darin eine ewige »Verheißung des Lebens« wieder-holend: »aus der Zerstörung heimkommen« (XIII, 267).

Indem die von Nietzsche gedachte Konzeption des »Willens zur Macht« zuletzt nichts übrig läßt als die sich stets restituierende Werdepotenz von »Sein« im Zirkel von Geburt und Tod, wird sie noch selbst zur mythischen Figur des unüberwundenen Nihilismus. Die Geschichte der ungeheuren Jahre seiner Wiederkehr, die von Nietzsche vorauserzählt werden, ist zugleich die Geschichte seiner Metamorphosen in unserem Jahrhundert.

Zusammenfassung

I

Das bewegende Zentrum von Nietzsches Denken ist zum einen »das größte neuere Ereignis – daß ›Gott tot ist‹« – und das mit ihm verbundene Phänomen des Nihilismus, die letzte Ziel-, Zweck- und Sinnlosigkeit des Menschen im Ganzen und der Welt. »Daß ›Gott tot ist‹«, das bedeutet für Nietzsche:

»Die *Dauer,* mit einem ›Umsonst‹, ohne Ziel und Zweck, ist der lähmendste Gedanke, namentlich noch wenn man begreift, daß man gefoppt wird und doch ohne Macht ist, sich nicht foppen zu lassen.« (XII, 213)

Die katastrophale Konsequenz dieser bitteren Erkenntnis ist »als persönliches Ergebnis die Verzweiflung, als theoretisches eine Philosophie der Zerstörung«, die als »extremste Form des Nihilismus« sich vor die Frage gestellt sieht:

»Aber wie, (...) wenn nichts sich mehr als göttlich erweist, es sei denn der Irrtum, die Blindheit, die Lüge, – wenn Gott selbst sich als unsre längste Lüge erweist?« (III, 577)

Zum anderen ist es das befremdliche und rätselhafte, in den August des Jahres 1881 fallende ekstatische »Gedankenerlebnis« der »Ewigen Wiederkunft des Gleichen« – der »zentrale Fund« (C. P. Janz) von Nietzsches philosophischer Existenz. Als »ästhetischer Mythos« (H. Ottmann) ist das Mythologem der ewigen Wiederkehr Bild des Weltsinns, aber keine rationale Konstruktion. In ihm versucht Nietzsche die Verewigung des Vergänglichen zu denken, »nicht indem er hinter der Zeit die Ewigkeit ansetzt und so die Zeit zur bloßen Erscheinung degradiert, nicht indem er nach der Zeit (nach dem Tode) die Ewigkeit ansetzt; er denkt vielmehr die Zeit als das Ewige, das Vergängliche als das Ständige, das Einmalige als das Wiederholte.«[64]. Nietzsches »Begriff« der *Ewigkeit* steht nicht im Gegensatz zur Zeit, sondern ist die Dimension der Zeit selbst.[65] Die ästhetische Faszination des Gedankens der ewigen Wiederkunft liegt in dem Bezug von »Tiefe der Welt« und Tiefendimension der Zeit, der auf eine ewige Gegenwart in allem Werden und Vergehen zielt.

»Ich schlief, ich schlief –,
Aus tiefem Traum bin ich erwacht: –
Die Welt ist tief,
Und tiefer als der Tag gedacht.
Tief ist ihr Weh –,
Lust – tiefer noch als Herzeleid:
Weh spricht: Vergeh!
Doch alle Lust will Ewigkeit –,
– will tiefe, tiefe Ewigkeit!«

II

Die von Nietzsche im Zeichen einer »Philosophie der riskanten Selbsterprobung« (V. Gerhardt) unternommene, ebenso verzweifelt wie letztlich vergeblich betriebene »Umwertung« aller bisher geglaubten Werte geschieht im Namen des »Willens zur Macht«.

Der »Wille zur Macht« ist bei Nietzsche kein sinnhafter Ich-Wille, sondern der allem Seienden innewohnende

Grundtrieb, sich als Leben zu behaupten. Der »Wille zur Macht« ist selbst kein »Wert«, sondern die in allen Wertperspektiven zum Ausdruck kommende Tendenz, sich als Wille zur Macht zu erweisen. Wenn er nun für Nietzsche jener Grundzug allen Lebens ist, das in jeder seiner Bewegungsphasen sich selber als Macht will, dann ist der »Wille zur Macht« ein Kreisgeschehen, das in jedem Augenblick sein Woher und sein Wohin zugleich ist: der »Zirkel ewiger Gleich-Gültigkeit« (W. Schulz). Dieses In-sich-Kreisen des »Willens zur Macht« als ewig sich setzende Selbstaufhebung und ewig sich aufhebende Selbstsetzung bildet als »dionysische Welt des Ewig-sich-selber-Schaffens, des Ewig-sich-selber-Zerstörens« zugleich die mythische Figur des Produktions- und Reproduktionsprozesses des Lebens, seiner libidinösen Ökonomie und Verschwendung. An die Stelle traditioneller Seinsmetaphysik tritt das Prinzip der »ästhetischen Rotation« (V. Gerhard). Von da her erweist sich die Lehre von der ewigen Wiederkehr des Gleichen als das Herzstück von Nietzsches eigener ästhetischer Metaphysik. Der »Übermensch«, der den Tod Gottes zur Voraussetzung hat, ist dann für Nietzsche derjenige, der die absolute Zweck- und Sinnlosigkeit der Welt als ihren Grundcharakter erkennt und dennoch zur ewigen Wiederkehr der kosmischen Anarchie des Lebens, seiner Sinnlichkeit und Grausamkeit, »Ja« sagt in der Liebe zum »Ring der Ewigkeit«, dem er sich »anverlobt«.

Die aus dem Tod Gottes und dem Wegfall aller verbindlichen theologisch-metaphysischen Antworten resultierenden philosophischen Fragestellungen lassen sich innerhalb des antichristlichen und antimetaphysischen Denkens Nietzsches in den folgenden von Karl Löwith formulierten Alternativen zusammenfassen[66]:

»1. daß es ausschließlich auf das Sein der Welt ankommt – wenn der Glaube an Gott als den Schöpfer der Welt nicht mehr lebendig ist;
2. daß das Sein dieser immer schon seienden Welt eine aus sich selber bewegte, ursprüngliche Physis ist – wenn das Sein nicht wunderbarerweise aus dem Nichts entspringt;
3. daß die physische Welt ewig ist – wenn sie keinen ursprünglichen Anfang und kein zielloses Ende hat;
4. daß die Ewigkeit einer immer-seienden physischen Welt eine ewige Zeit ist – wenn sie nicht die zeitlose Ewigkeit eines überweltlichen und übernatürlichen Gottes ist;
5. daß der Mensch von Natur und von der Welt ist – wenn er nicht eines übernatürlichen und überweltlichen Gottes geschaffenes Ebenbild ist;
6. daß die Frage nach dem Verhältnis des immerwährenden Seins der physischen Welt zu dem endlichen Dasein des Menschen nicht zu umgehen ist – wenn die Antwort auf das Verhältnis von Mensch und Welt nicht schon durch den Glauben an die gemeinsame Schöpfung und Zuordnung von Welt und Mensch durch Gott gegeben ist;
7. daß der Zufall des faktischen Da-seins notwendiges Problem wird – wenn der Glaube an die Vorsehung und deren säkularisierte Formen nicht mehr glaubwürdig ist;
8. daß das Rätselhafte des Zufalls ›Mensch‹ keine Lösung findet – wenn der Mensch nicht in das ewige Ganze des von Natur aus Seienden eingefügt ist.«

Anhang

Anmerkungen

1 C. P. Janz, Friedrich Nietzsche, München 1979, Bd. 3, S. 449.
2 K. Löwith (Hg.), Nietzsche – Zeitgemässes und Unzeitgemässes, Frankfurt/M., Hamburg 1956, S. 25.
3 K. Löwith (Hg.), Nietzsche – Vorspiel einer Philosophie der Zukunft, Frankfurt/M., Hamburg 1956, S. 18.
4 Ebenda, S. 19.
5 E. Fink, Nietzsches Philosophie, Stuttgart 1973, S. 108.
6 Vgl. A. Rimbaud, Das poetische Werk I, hg. von Hans Therre und Rainer G. Schmidt, München 1979, S. 12.
7 E. Fink, Nietzsches neue Welterfahrung, in: A. Guzzoni (Hg.), 90 Jahre philosophische Nietzsche-Rezeption, Königstein/Ts. 1979, S. 139.
8 S. Müller, Selbsterhaltung und Wille zur Macht. Typik und Folgelasten eines Problemzusammenhanges bei Hobbes und Nietzsche, in: W. Gebhard (Hg.), Friedrich Nietzsche. Strukturen der Negativität. Bayreuther Nietzsche-Kolloquium 1982, Frankfurt/M. 1984, S. 105.
9 K. Löwith (Hg.), Nietzsche – Zeitgemässes und Unzeitgemässes, a. a. O., S. 18.
10 Ebenda, S. 24.
11 Ebenda.
12 F. Overbeck, Christentum und Kultur, Basel 1919, S. 136.
13 A. Verrechia, Zarathustras Ende. Die Katastrophe Nietzsches in Turin, Wien/Köln/Graz 1986, S. 362.
14 K. Löwith (Hg.), Nietzsche – Zeitgemässes und Unzeitgemässes, a. a. O., S. 15.
15 G. Colli, Nach Nietzsche, Frankfurt/M. 1980, S. 212.
16 Zitiert nach S. L. Gilman (Hg.), Begegnungen mit Nietzsche, Bonn 1981, S. 418 ff.
17 K.-H. Volkmann-Schluck, Leben und Denken. Interpretationen zur Philosophie Nietzsches, Frankfurt/M. 1968, S. 113.
18 Vgl. M. Montinari, Nietzsche zwischen Alfred Baeumler und Georg Lukács, in: Nietzsche lesen, Berlin/New York 1982, S. 169-206.

19 Vgl. K.H. Bohrer, Plötzlichkeit. Zum Augenblick des ästhetischen Scheins, Frankfurt/M. 1981, S. 115ff.

20 G. Colli, in: I, 904.

21 Vgl. W. F. Otto, Das Wort der Antike, Stuttgart 1962, S. 228f. Höchsten literarischen Ausdruck gewinnt dieser Doppelbezug in der bereits erwähnten »Sirene« von Tomasi di Lampedusa, von der es heißt: »Sie aß nur Lebendiges; oft tauchte sie aus dem Meere auf – der zarte Rücken glänzte in der Sonne –, während ihre Zähne einen silberschuppigen, noch zuckenden Fisch zerrissen. Das Blut lief ihr in Streifen über das Kinn, (...) während sie vor Lust einen kindlichen Schrei ausstieß und sich die Zähne mit der Zunge ableckte.« (G.T. di Lampedusa, Die Sirene, München 1961, S. 51).

22 An dieser Stelle wird nicht nur der sprachphilosophische Ansatz der Spätphilosophie Ludwig Wittgensteins von Nietzsche vorweggenommen, sondern auch die Thematik des semiologischen Strukturalismus.

23 Vgl. A. Schmidt, Über Nietzsches Erkenntnistheorie, in: J. Salaquarda (Hg.), Nietzsche, Darmstadt 1980, S. 124ff.

24 Vgl. J. Simon, Grammatik und Wahrheit. Über das Verhältnis Nietzsches zur spekulativen Satzgrammatik der metaphysischen Tradition, in: J. Salaquarda (Hg.), Nietzsche, a.a.O., S. 185ff. – Ferner: A.C. Danto, Nietzsche und der semantische Nihilismus, in: A. Guzzoni (Hg.), 90 Jahre philosophische Nietzsche-Rezeption, Königstein/Ts. 1979, S. 140ff. Ferner: G. Abel, Nominalismus und Interpretation. Die Überwindung der Metaphysik im Denken Nietzsches, in: Nietzsche und die philosophische Tradition, hg. von J. Simon, Würzburg 1985, S. 35-89.

25 Vgl. K.-H. Volkmann-Schluck, Leben und Denken. Interpretationen zur Philosophie Nietzsches, Frankfurt/M. 1968, S. 21ff.

26 Vgl. hierzu vor allem die Arbeit von K. Löwith, Weltgeschichte und Heilsgeschehen. Die theologischen Voraussetzungen der Geschichtsphilosophie, Stuttgart 1953.

27 G. Colli, in: II, 712f.

28 L. Stein, Friedrich Nietzsche's Weltanschauung und ihre Gefahren. Ein kritischer Essay, Berlin 1893, S. 3.

29 Vgl. meine Studie: ›Arbeit der Tiefe‹ und ›unterirdischer Ernst‹ – Anmerkungen zum Begriff des Subversiven im Denken Friedrich Nietzsches, in: W. Gebhard (Hg.), Friedrich Nietzsche. Perspektivität und Tiefe, Frankfurt/M.-Bern 1982, S. 149-161.

30 Vgl. Franz Kafka, Der neue Advokat.

31 Als eine späte Replik auf diese Frage könnte jene Passage aus Franz Overbecks »Christentum und Kultur« (Basel 1919) gelesen werden: »Ans Ziel gelangt ist auf der Fahrt, die ich hier meine, noch niemand, und insofern ist auch Nietzsche darauf nicht mehr mißlungen als anderen. (...) Gescheitert ist er freilich, aber doch nur so, daß er gegen die unternommene Fahrt als Argument so gut und so schlecht dienen kann wie die Schiffbrüchigen gegen das Beschiffen des Meeres. Wie, wer einen Hafen erreicht hat, seinen schiffbrüchigen Vorgänger als einen Schicksalsgenossen anzuerkennen sich am allerwenigsten weigern wird, so auch nicht die glücklicheren Meerfahrer, die sich auf ihrer ziellosen Fahrt wenigstens mit ihrem Fahrzeug zu behaupten vermocht haben, mit Beziehung auf Nietzsche.«.

32 G. Colli, in: III, 662.

33 Vgl. F. Altheim, Zarathustra und Alexander. Eine ost-westliche Begegnung, Frankfurt/M. 1960.

34 Als eine Vorwegnahme dieses Ereignisses im Sinne einer Angstdichtung kann Adalbert Stifters Beschreibung der »Sonnenfinsternis am 8. Juli 1842« gelesen werden. Nietzsche hat Stifter intensiv gelesen und hoch geschätzt.

35 K. Löwith, Gesammelte Schriften 6, Stuttgart 1987, S. 169.

36 Vgl. hierzu den schönen Essay von Erich Heller: Die Wiederkehr der Unschuld. Zarathustras drei Verwandlungen und Nietzsches innere Biographie, in: Die Wiederkehr der Unschuld und andere Essays, Frankfurt/M. 1977, S. 9-28.

37 Wolfgang Müller-Lauter, Nietzsches Lehre vom Willen zur Macht, in: J. Salaquarda (Hg.), Nietzsche, a. a. O., S. 282.

38 Vgl. auch meinen Beitrag: Der Philosoph und der Kreisel. Gedanken zu einem Prosastück Franz Kafkas, in: Redliches Denken. Festschrift für Gerd-Günther Grau zum 60. Geburtstag, hg. von F. W. Korff, Stuttgart/Bad Cannstatt 1981, S. 154-158.

39 Vgl. C.P. Janz, Friedrich Nietzsche, a.a.O., Bd.2, S.289ff.
40 G. Colli, in: IV, 416.
41 J. Stambaug zitiert in: A. Bennholdt-Thomsen, Nietzsches ›Also sprach Zarathustra‹ als literarisches Phänomen, Frankfurt/M. 1974, S.48.
42 K. Löwith, Nietzsches Philosophie der ewigen Wiederkehr des Gleichen, a.a.O., S.75.
43 Vgl. Rudolf Bilz, Studien über Angst und Schmerz, Paläoanthropologie, Bd.1/2, Frankfurt/M. 1974, S.312ff.
44 Vgl. A. Bennholdt-Thomsen, Nietzsches ›Also sprach Zarathustra‹ als literarisches Phänomen, a.a.O.. 1974, S.184f.
45 K. Löwith, Nietzsches Philosophie der ewigen Wiederkehr des Gleichen, a.a.O., S.110ff.
46 Vgl. F. Kaulbach, Nietzsches Idee einer Experimentalphilosophie, Köln 1980, S.298.
47 Vgl. C.P. Janz, Friedrich Nietzsche, a.a.O., Bd.2, S.453.
48 Als dichterisch gültiger Ausdruck dieses »Undurchdringlichen« können die großen Romane Franz Kafkas »Der Prozeß« und »Das Schloß« gelesen werden. Vgl. auch meine Studie: Transzendenz als Terror. Eine religionsphilosophische Studie über Franz Kafka, Heidelberg 1977.
49 Vgl. G.G. Grau, Christlicher Glaube und intellektuelle Redlichkeit. Eine religionsphilosophische Studie über Nietzsche, Frankfurt/M. 1958.
50 Vgl. J. Salaquarda, Dionysos gegen den Gekreuzigten. Nietzsches Verständnis des Apostels Paulus, in: Zeitschrift für Religions- und Geistesgeschichte XXVI (1974), S.97-124.
51 Vgl. hierzu die bedenkenswerte Parallelität im Diktum von Nietzsches »christlichem« Antipoden Sören Kierkegaard: »Das Christentum ist gar nicht da.« (30. März 1885).
52 K. Löwith, Gesammelte Schriften 4, Stuttgart 1988, S.460f.
53 Vgl. F. Kittler, Wie man abschafft, wovon man spricht: Der Autor von ›Ecce homo‹, in: Literaturmagazin 12. Nietzsche, Reinbek 1980, S.153-178.
54 A. Baeumler, in: Friedrich Nietzsche, Sämtliche Werke, Bd.8, Stuttgart 1964, S.610.
55 Vgl. I. Kant, Kritik der reinen Vernunft (1. Auflage, 1781), § 1b der »Transzendentalen Deduktion der Kategorien«.

56 Vgl. K.-H. Volkmann-Schluck, Nietzsches Stellung zur überlieferten Metaphysik, in: Leben und Denken. Interpretationen zur Philosophie Nietzsches, a.a.O., S. 64-114. – Ferner: V. Gerhardt, Die Metaphysik des Werdens. Über ein traditionelles Element in Nietzsches Lehre vom ›Willen zur Macht‹, in: Nietzsche und die philosophische Tradition, a.a.O., S. 9-33.

57 Vgl. Zur Interpretation dieses Wortes: M. Heidegger, Nietzsches Wort ›Gott ist tot‹, in: Holzwege, Frankfurt/M. 1950, S. 193-247; E. Biser, ›Gott ist tot‹. Nietzsches Destruktion des christlichen Bewußtseins, München 1962; P. Köster, ›Der sterbliche Gott‹. Nietzsches Entwurf übermenschlicher Größe, Meisenheim/Glan 1972.

58 M. Heidegger, Nietzsches Wort ›Gott ist tot‹, in: Holzwege, a.a.O., S. 234.

59 G. Rohrmoser, Emanzipation und Freiheit, München 1970, S. 249.

60 Vgl. H. Blumenberg, Licht als Metapher der Wahrheit, in: Studium Generale X (1957), S. 432-447.

61 Vgl. meine Abhandlung: Der ›Tod Gottes‹ und das Nihilismusproblem, in: Transzendenz als Terror, a.a.O., S. 78-82.

62 Vgl. C. von Barloewen, Clown. Zur Phänomenologie des Stolperns, Königstein/Ts. 1981.

63 Vgl. Wolfgang Müller-Lauter, Zarathustras Schatten hat lange Beine, in: J. Salaquarda (Hg.), Philosophische Theologie im Schatten des Nihilismus, Berlin 1971, S. 88-112.

64 E. Fink, Nietzsches Philosophie, a.a.O., S. 102.

65 Vgl. J. Stambaugh, Untersuchungen zum Problem der Zeit bei Nietzsche, Den Haag 1959.

66 K. Löwith (Hg.), Friedrich Nietzsche – Vorspiel zu einer Philosophie der Zukunft, a.a.O., S. 15.

Literaturhinweise

1. Werke und Briefe

Friedrich Nietzsche, Sämtliche Werke. Kritische Studienausgabe in 15 Bänden, hg. von Giorgio Colli und Mazzino Montinari, München 1980.

Friedrich Nietzsche, Sämtliche Briefe. Kritische Studienausgabe in 8 Bänden, hg. von Giorgio Colli und Mazzino Montinari, München 1986.

(Zitiert wird nach dieser verbindlichen Studienausgabe)

2. Bibliographie

International Nietzsche Bibliography. Compiled and edited by Herbert W. Reichert and Karl Schlechta, Chapel Hill 1960; revised and expanded 1968 (= University of North Carolina Studies in Comparative Literature 45).

3. Ausgewählte und kommentierte Sekundärliteratur

Vorbemerkung: Die Nietzsche-Literatur erscheint heute als unüberschaubar. Soweit ich sehe, hat sie lediglich den Ausdruckscharakter jeweils geltender und verschwindender Nietzsche-Rezeption. Die besten Kommentare zu Nietzsches Schriften sind immer noch bei deren Autor zu finden, und zwar in seiner philosophischen Autobiographie »Ecce homo« (VI, 309-364). Nachdrücklich sei aber in diesem Zusammenhang auch auf die einzigartig schönen, dem Geist Nietzsches am nächsten kommenden Nachworte verwiesen, die von Giorgio Colli, dem Initiator der Kritischen Studienausgabe, stammen und dieser Ausgabe beigefügt sind.

Zur Biographie

Richard Blunk, Der junge Nietzsche, München/Basel 1953.
Diese Biographie über den jungen Nietzsche rekonstruiert sorgfältig die Entwicklungsgeschichte Nietzsches bis zum Eintritt in das Berufsleben. In diesem Zusammenhang wird das lebensgeschichtliche Trauma Nietzsches, der allzu frühe Tod des Vaters durch »Hirnerweichung«, in seiner alles überragenden Bedeutung erkennbar.

Curt Paul Janz, Friedrich Nietzsche. Biographie, 3 Bde., München 1978/79 (auch als dtv 4383).
Band I behandelt »Kindheit und Jugend«, wobei Janz weitgehend auf den Text von R. Blunk zurückgreift, und »Die zehn Basler Jahre«; Band II stellt »Die zehn Jahre des freien Philosophen« und Band III »Die Jahre des Siechtums« dar (er enthält außerdem wichtige Dokumente und ein Register). Diese mustergültig alle vorhandenen Materialien auswertende Nietzsche-Biographie kann als das wohl unüberholbare »Standardwerk« zur Lebensgeschichte Nietzsches angesehen werden. »Wer so gelebt hat wie Nietzsche, wer sein Leben und seine Aufgabe so ernst genommen hat wie er, verdient es, daß man ihm wenigstens mit der Achtung vor diesem Leben begegnet. Dann besteht auch die Möglichkeit, vorurteilsloser an das Werk zu treten und zu versuchen, es in das eigene Weltbild zu integrieren, aber aus eigenem Bemühen und nicht schon wieder anhand eines vorgeformten Modells« (S. 449).

Werner Ross, Der ängstliche Adler. Friedrich Nietzsches Leben, München 1984 (dtv 10230).
Die Biographie von W. Ross sieht Nietzsches Leben bestimmt durch den Grundkonflikt zwischen der beispiellosen Kühnheit seines »Denk-Abenteuertums« und der tiefen Lebensangst seiner fast kindlich sensiblen Natur – ein Konflikt, der in den Wahnsinn als letzten Ausweg aus dieser unerträglichen Spannung führt. »Die Selbstfindung war das Ziel. Die Angst vor der Selbstfindung gab diesem Leben seine Dramatik. Der Wahnsinn wurde der letzte Befreiungsakt«. (S. 10)

Anacleto Verrecchia, Zarathustras Ende. Die Katastrophe Nietzsches in Turin. Aus dem Italienischen übertragen von Peter Pawlowsky, Wien/Köln/Graz 1986.
»Die Rekonstruktion der letzten Monate Nietzsches in Turin aus der genauen Kenntnis des Ortes und der Zeit macht die zur mythischen Formel erstarrte Entrückung des unzeitgemäßen Denkers auf eine überraschende Weise lebendig. (...) Der Fall Nietzsche ist ein Schulbeispiel für die Unerläßlichkeit eines solchen Vorgehens (historischer Kritik, W. R.); wird schon sonst das Bild historischer Ereignisse und Personen unvermeidlich mit beschönigenden Details angereichert, so haben Nietzsches Erben und Verehrer Daten und Fakten bewußt entstellt, verschwiegen oder erfunden, um ihrem Idol das erwünschte Aussehen zu geben. (...) Eine enttäuschte Liebe nimmt solche Täuschungen nicht mehr hin und schafft sich dadurch Gelegenheit, eine neues, realistisches Verhältnis zum Kulturkritiker und Dichter Nietzsche zu gewinnen.« (aus dem Nachwort des Übersetzers, S. 366)

Zum Werk

Karl Jaspers, Nietzsche. Einführung in das Verständnis seines Philosophierens, 3. Auflage, Berlin 1950.
Die große philosophische Nietzsche-Monographie von K. Jaspers (1. Auflage 1935) versucht unter Zuhilfenahme eigener Systematik »die Denkweise Nietzsches im Ganzen seiner Existenz«, in ihrer genuinen Bewegtheit zu erfassen. »Will man Nietzsche sehen als Gestalt, die in klarer Durchsichtigkeit ihrer Bedeutung bestände, so muß man enttäuscht werden. (...) Denn ein Rätsel liegt darin, daß bei kritischem, von Nietzsche selbst geführtem Eingehen auf ihn alles zu verschwinden scheint, daß aber nach dem Überdruß der Enttäuschungen doch der Zauber dieses Denkens sich wiederherstellt.« (S. 375) – Der Vorzug dieser Monographie liegt sicher darin, daß sie Nietzsche vor jeder unbilligen Dogmatisierung im Sinne einer ihm nie gerecht werdenen Ideologisierung schützt, ihr Nachteil liegt vielleicht darin, daß sie in der ständigen Relativierung aller Denk-»Inhalte« Nietzsches diesen ihre Substanz raubt.

Walter Kaufmann. Nietzsche. Philosoph, Psychologe, Antichrist. Aus dem Amerikanischen übersetzt von Jörg Salaquarda, Darmstadt 1982 (zuerst 1950).

Das 1950 in den Vereinigten Staaten erschienene Buch von W. Kaufmann, eine umfassende Rekonstruktion von Nietzsches Denken, ist ein wichtiger Beitrag zur Zerstörung der von der Schwester Nietzsches und ihrem »Archiv« geschaffenen Nietzsche-Legende. Kaufmann sieht in Nietzsche vor allem den großen Aufklärer, für den Wahrheitssuche und intellektuelle Redlichkeit im Zentrum seines kompromißlosen Denkens stehen. »Man braucht nicht mit seiner Philosophie übereinzustimmen und kann doch seine alles beherrschende Leidenschaft für die intellektuelle Redlichkeit hochschätzen. Nietzsches protestantische Perspektiven sind oft auch dann anregend und fruchtbar, wenn sie nicht annehmbar sind. Sein größter Wert dürfte aber darin liegen, daß er den wahrhaft philosophischen Geist verkörpert hat, den Geist ›des mich selbst und andere Prüfens‹, um die ›Apologie‹ des Sokrates zu zitieren.« (aus dem Vorwort zur ersten Auflage 1950, S. XVII)

Karl Löwith, Nietzsches Philosophie der ewigen Wiederkehr des Gleichen, Stuttgart 1956.

Das Nietzsche-Buch K. Löwiths, m. E. immer noch das wohl wichtigste, vielleicht gerade deswegen aber weitgehend vergessene Buch über die Philosophie Nietzsches, geschrieben im Geist einer Nietzsche verpflichteten großen Essayistik, die gleichermaßen die Gefahren des akademischen Traditionalismus wie auch einer ganz unbillig erregten Mystifikationsliteratur zu vermeiden weiß, rekonstruiert Nietzsches Philosophie der ewigen Wiederkehr von jenem »fundamentalen Widerspruch« her, »der darin gründet, daß Nietzsche die physische Wahrheit des notwendigen Kreislaufs der natürlichen Welt als eine ›Wende der Not‹ wahrhaben wollte« (S. 13), die er mit seinem eigenen Willen zur Selbstüberwindung ekstatisch in Einklang zu bringen versuchte. »Sein Versuch, aus dem endlichen Nichts des sich selber wollenden Ich in das ewige Ganze des Seins zurückzufinden, (...) endet in einem Wahnsinn.« (S. 14).

Wolfgang Müller-Lauter, Nietzsche. Seine Philosophie der Gegensätze und die Gegensätze seiner Philosophie, Berlin/New York 1971.

Die vorliegende Nietzsche-Studie von W. Müller-Lauter, welche einen wichtigen Beitrag zur Nietzsche-Forschung liefert, erhebt den Anspruch, mittels »immanenter Interpretation« Nietzsches Philosophie der Gegensätze und die Gegensätze dieser Philosophie in ihren Grundfragen neu zu durchdenken. Das die Gegensätze der Nietzscheschen Philosophie integrierende Moment sei weder der »Wille zur Macht«, noch der »Übermensch«, noch »die ewige Wiederkehr« – allen drei Gedanken weist Müller-Lauter ihre innere Aufspaltung in antithetisch sich zueinander verhaltende Modalitäten nach –, sondern jene fundamentale Verzweiflung, deren eigentlich »große Angst« die Sinnlosigkeit der Welt ist. »Zu fragen bleibt, ob ein Philosoph unvermeidlich scheitert, der dem ›Zauber der entgegengesetzten Denkweise‹ immer wieder erliegt und der schließlich nicht gewillt ist, sich ›den Anreiz des änigmatischen Charakters‹ des Daseins nehmen zu lassen.« (S. 9)

Eugen Fink, Nietzsches Philosophie. 3. Auflage, Stuttgart 1973 (Urban Taschenbücher 45)

Das Buch des Freiburger Philosophen interpretiert die Philosophie Nietzsches anhand seiner Schriften als den Entwurf einer neuen Welt-Erfahrung. Indem E. Fink die Grundmotive von Nietzsches Denken herausarbeitet, untersucht er zugleich, wie sie sich zu den Grundproblemen der überlieferten Philosophie verhalten, und erörtert auf dem Hintergrund der Überlegungen Heideggers, was Nietzsches neue Erfahrung des Seins ist. »Wir suchen die Philosophie Nietzsches. Diese ist verborgen in seinen Schriften, verborgen in der Pracht seiner Sprache, in der Verführungsgewalt seines Stils, in der Isoliertheit seiner Aphorismen und verborgen hinter der faszinierenden, den Blick immer wieder auf sich ziehenden Persönlichkeit. (...) Mit welchem Recht aber sprechen wir bei ihm noch von Philosophie, wenn er der ganzen Überlieferung aufsagt? Müßte nicht ein neues Wort gefunden und geprägt werden für das, was Nietzsches Philosophie ist?« (S. 13)

Friedrich Kaulbach, Nietzsches Idee einer Experimentalphilosophie, Köln / Wien 1980.
Die Darstellung dieser bedeutenden Nietzsche-Studie »wird durch die Absicht bestimmt, der bekannten These von Heidegger, Nietzsches Philosophie stelle eine Endgestalt der europäischen Metaphysik dar, die Behauptung an die Seite zu stellen, daß dies auch für sein philosophisches Methodenkonzept zutrifft.« (aus dem Vorwort, S. IX)

Henning Ottmann, Philosophie und Politik bei Nietzsche, Berlin / New York 1987.
Die in der Reihe »Monographien und Texte zur Nietzsche-Forschung« als Band 17 im Walter de Gruyter Verlag erschienene Arbeit analysiert umfassend den politischen Gehalt von Nietzsches Werk und rezipiert die politische Wirkung seiner Gedanken. »Es gibt bei Nietzsche eine politische Philosophie. Man darf sie nur nicht suchen wollen auf der Heerstraße der politischen Strömungen der Zeit« (aus dem Vorwort, S. V.).

Volker Gerhardt, Pathos und Distanz. Studien zur Philosophie Friedrich Nietzsches, Stuttgart 1988.
Die bei Reclam (Nr. 8504 [3]) gesammelten Studien »sind als Beiträge zu einer historisch-kritischen Nietzsche-Interpretation entstanden, einer Interpretation, die eigenständige systematische Deutungen nicht ausschließt« (S. 9). Sie eignen sich in hervorragender Weise, in Grundbegriffe der Philosophie Nietzsches einzuführen.

4. Zur Nietzsche-Rezeption

Alfredo Guzzoni (Hg.), 90 Jahre philosophische Nietzsche-Rezeption, Hain 1979.
Jörg Salaquarda (Hg.), Nietzsche, Darmstadt 1980 (Wissenschaftliche Buchgesellschaft, Wege der Forschung, Band 521).
Beide Bände geben einen Überblick über die Geschichte der Nietzsche-Rezeption von den Anfängen bis zur Gegenwart.

Werner Hamacher (Hg.), Nietzsche aus Frankreich. Essays von Maurice Blanchot, Jacques Derrida, Pierre Klossowski, Philippe Lacoue-Labarthe, Jean-Luc Nancy und Bernard Pautrat, Frankfurt/M., Berlin 1986 (Ullstein Materialien 35238).
Die französische Nietzsche-Rezeption ist eigene Wege gegangen, hat nachhaltig auf das Denken von Foucault, Deleuze, Derrida u.a. gewirkt und originelle »neo-nietzscheanische« Philosophien hervorgebracht. Dieser Band demonstriert, wie Nietzsche uns heute aus Frankreich in neuer Gestalt entgegentritt.

Sigrid Bauschinger (Hg.), Nietzsche heute. Die Rezeption seines Werkes nach 1968, Bern/Stuttgart 1988.
Der Aufsatz-Sammelband vermittelt einen Überblick über den gegenwärtigen Diskussionsstand der internationalen Nietzsche-Forschung.

Zeittafel

1844	15. Oktober: Friedrich Nietzsche wird als Sohn des Pfarrers Karl Ludwig Nietzsche zu Röcken bei Lützen, Provinz Sachsen, geboren.
1849	30. Juli: Nietzsches Vater stirbt an Gehirnerweichung.
1850	Die Familie siedelt nach Naumburg über.
1858	Oktober bis September 1864: Schüler der Landesschule Schulpforta bei Naumburg.
1864	Oktober: Studium der Theologie und der klassischen Philologie an der Universität Bonn.
1865	Oktober: Fortsetzung des Philologiestudiums in Leipzig. Erste Bekanntschaft mit Schopenhauers philosophischem Hauptwerk *Die Welt als Wille und Vorstellung*.
1866	Beginn der Freundschaft mit Erwin Rohde.
1868	8. November: Erste persönliche Bekanntschaft mit Richard Wagner im Hause des Orientalisten Hermann Brockhaus.
1869	Februar: Berufung an die Universität Basel zum außerordentlichen Professor für klassische Philologie.
	17. Mai: Erster Besuch bei Richard Wagner in Tribschen bei Luzern.
	28. Mai: Antrittsrede an der Universität Basel über »Homer und die klassische Philologie«. Beginn der Beziehungen zu Jacob Burckhardt.
1869-71	Entstehung der *Geburt der Tragödie* (erscheint Neujahr 1872).
	März: Ernennung zum ordentlichen Professor.
	August: Teilnahme am Deutsch-Französischen Krieg als freiwilliger Krankenpfleger.
	Oktober: Rückkehr nach Basel. Beginn der Freundschaft mit Franz Overbeck.
1872	Februar bis März: Basler Vorträge »Über die Zukunft unserer Bildungsanstalten«.
	Ende Mai: Erste Aufzeichnungen zu *Ueber Wahrheit und Lüge im aussermoralischen Sinne*.

1873	Erste *Unzeitgemäße Betrachtung*: »David Strauß, der Bekenner und Schriftsteller«.
	Zweite *Unzeitgemäße Betrachtung*: »Vom Nutzen und Nachteil der Historie für das Leben« (erscheint 1874).
	Philosophie im tragischen Zeitalter der Griechen (erst im Nachlaß veröffentlicht).
1874	Dritte *Unzeitgemäße Betrachtung*: »Schopenhauer als Erzieher«.
1875-76	Vierte *Unzeitgemäße Betrachtung*: »Richard Wagner in Bayreuth«.
1876	August: Erste Bayreuther Festspiele, Nietzsche in Bayreuth.
	September: Beginn der Freundschaft mit Paul Rée.
	Oktober: Gesundheitsurlaub von der Universität Basel.
	November: Letztes Zusammensein Nietzsches mit Richard Wagner in Sorrent.
1876-78	*Menschliches, Allzumenschliches*, Erster Teil.
1879	Aufgabe des Lehramtes an der Universität Basel.
1880	»Der Wanderer und sein Schatten«, *Menschliches, Allzumenschliches*, Zweiter Teil.
	März bis Juni: Erster Aufenthalt in Venedig.
	Ab November: Erster Winter in Genua.
1880-81	*Morgenröte*.
1881	Erster Sommer in Sils-Maria.
1881-82	*Die fröhliche Wissenschaft*.
1882	April bis November: Freundschaft mit Lou Salomé.
	Ab November: Aufenthalt in Rapallo.
1883	Februar: Entstehung des ersten Teils von *Also sprach Zarathustra* (gedruckt 1883).
	Juni bis Juli: In Sils-Maria entsteht der zweite Teil von *Also sprach Zarathustra*.
	Ab Dezember: Erster Winter in Nizza.
1884	Januar: In Nizza entsteht der dritte Teil von *Also sprach Zarathustra* (gedruckt 1884).
	November bis Februar: In Mentone und Nizza entsteht der vierte Teil von *Also sprach Zarathustra* (erscheint als Privatdruck 1885).

1884-85	*Jenseits von Gut und Böse* (erscheint 1886).
1886	Oktober: Entstehung des fünften Buches der *Fröhlichen Wissenschaft* (»Wir Furchtlosen«).
1887	*Zur Genealogie der Moral*.
1888	April: Erster Aufenthalt in Turin. Mai bis August: *Der Fall Wagner*. – Abschluß der *Dionysos-Dithyramben*. August bis September: *Götzendämmerung* (erscheint Januar 1889). September: *Der Antichrist* (Umwertung aller Werte, I. Buch). Oktober bis November: *Ecce homo* (erscheint 1908). Dezember: *Nietzsche contra Wagner. Aktenstücke eines Psychologen* (erst posthum veröfffentlicht).
1889	3. Januar: Zusammenbruch in Turin. 10. Januar: Einlieferung in die Irrenabteilung der Nervenklinik Basel. 18. Januar: Einweisung in die Irren-Heil- und Pflegeanstalt der Psychiatrischen Klinik in Jena.
1897	Ostern: Tod der Mutter Franziska Nietzsche, geb. Oehler. – Übersiedlung mit der Schwester Elisabeth Förster-Nietzsche nach Weimar.
1900	25. August: Nietzsche stirbt in Weimar. 28. August: Beisetzung Nietzsches auf dem Friedhof zu Röcken neben seinem Vater.

Wiebrecht Ries, geb. 1940 in Osnabrück. Studium der Philosophie und Germanistik. 1967 Promotion zum Dr. phil. mit einer Arbeit zur Rezeptionsgeschichte Nietzsches. 1974 Habilitation für das Fachgebiet Philosophie. Seit 1978 Professor für Philosophie an der Universität Hannover. Veröffentlichung zahlreicher Studien zu Nietzsche und Kafka in Fachzeitschriften, Sammelbänden und Lexika. Buchveröffentlichungen: *Transzendenz als Terror. Eine religionsphilosophische Studie über Franz Kafka*, Heidelberg 1977; *Franz Kafka*, München 1987 (Artemis Einführungen).

Bernhard H. F. Taureck
NIETZSCHE
UND DER
FASCHISMUS
JUNIUS

SCHOPENHAUER UND NIETZSCHE

Georg Simmels brillanter Vortragszyklus *Schopenhauer und Nietzsche* (1907) leistet weit mehr als nur eine umfassende Einführung in das Denken dieser bedeutenden Philosophen. Für die zentrale Erfahrung des Menschen in der Moderne – nämlich: Entfremdung und Zerfall des Subjekts – findet er bei Schopenhauer und Nietzsche Auswege für das gebeutelte Individuum.

Diesem klassischen Text der Lebensphilosophie ist eine Einleitung von Simmel selbst vorangestellt. Sein Essay über die deutsche Philosophie nach 1870 erscheint erstmals in deutscher Sprache.

Georg Simmel

Schopenhauer und Nietzsche

mit dem Essay »Tendenzen im deutschen Leben und Denken seit 1870«

370 Seiten, DM 38,00, ISBN 3-88506-411-1

DERRIDA

Heinz Kimmerle arbeitet in seiner Einführung die Logik und die Entwicklung der dekonstruktiven Denkweise Derridas heraus. Er zeigt, mit welcher Rigorosität dieser die herkömmlichen Begriffe von Sprache, Schrift und Erfahrung kritisiert und umdeutet; und er macht verständlich, auf welche Weise Derrida den Logozentrismus der traditionellen Metaphysik in neuen Denk- und Darstellungsformen zu überwinden trachtet.

In der Reihe

zur Einführung

bisher erschienen:

Alfred Adler von Detlef Horster · **Adorno** von Willem van Reijen · **Althusser** von Klaus Thieme · **Günther Anders** von Konrad Liessmann · **Roland Barthes** von Gabriele Röttger-Denker · **Benjamin** von Burghart Schmidt · **Bergson** von Gilles Deleuze · **Bloch** von Detlef Horster · **Brecht** von Helmut Fahrenbach · **Derrida** von Heinz Kimmerle · **Foucault** von Hinrich Fink-Eitel · **Paulo Freire** von Dimas Figueroa · **Freud** von Hans-Martin Lohmann · **Friedlaender/Mynona** von Peter Cardorff · **Erich Fromm** von Helmut Wehr · **Habermas** von Detlef Horster · **Horkheimer** von Willem van Reijen · **Alexandra Kollontai** von Gabriele Raether · **Kropotkin** von Heinz Hug · **Lacan** von Gerda Pagel · **Gustav Landauer** von Siegbert Wolf · **Karl Liebknecht** von Ossip K. Flechtheim · **Rosa Luxemburg** von Ossip K. Flechtheim · **Lyotard** von Walter Reese-Schäfer · **Machiavelli** von Quentin Skinner · **Herbert Marcuse** von Hauke Brunkhorst / Gertrud Koch · **Marx** von Ossip K. Flechtheim / Hans-Martin Lohmann · **George Herbert Mead** von Harald Wenzel · **Montaigne** von Peter Burke · **Franz Neumann** von Alfons Söllner · **Nietzsche** von Wiebrecht Ries · **Wilhelm Reich** von Martin Konitzer · **Karl Renner** von Anton Pelinka · **Otto Rühle** von Henry Jacoby / Ingrid Herbst · **Sartre** von Martin Suhr · **Sohn-Rethel** von Steffen Kratz · **Sorel** von Larry Portis · **Manès Sperber** von Alfred Paffenholz · **Trotzki** von Heinz Abosch · **Max Weber** von Volker Heins · **Wittgenstein** von Chris Bezzel